陕西省青少年教育基地通览

共青团陕西省委 编

西安电子科技大学出版社

图书在版编目（CIP）数据

陕西省青少年教育基地通览 / 共青团陕西省委编. — 西安：西安电子科技大学出版社，2022.10
ISBN 978-7-5606-6678-5

Ⅰ. ①陕… Ⅱ. ①共… Ⅲ. ①革命纪念地—陕西—青少年读物
Ⅳ. ①K878.2-49

中国版本图书馆 CIP 数据核字（2022）第 173334 号

策　　划　邵汉平　陈一琛
责任编辑　陈一琛
出版发行　西安电子科技大学出版社（西安市太白南路 2 号）
电　　话　(029)88202421　　　　邮　　编　710071
网　　址　www.xduph.com　　　　电子邮箱　xdupfxb001@163.com
经　　销　新华书店
印刷单位　陕西金和印务有限公司
版　　次　2022 年 10 月第 1 版　2022 年 10 月第 1 次印刷
开　　本　787 毫米×960 毫米　1/16　　印　　张　16
字　　数　186 千字
印　　数　1～1000 册
定　　价　49.00 元
ISBN　978-7-5606-6678-5 / K
XDUP　6980001-1

前言

青少年教育基地是对青少年进行爱国主义、集体主义、社会主义教育，帮助青少年树立正确的世界观、人生观、价值观的重要载体。评选命名青少年教育基地，充分发挥教育基地的教育功能，是共青团的一项重要工作。

习近平总书记来陕考察时指出，陕西是中华民族和华夏文明重要发祥地之一，要求要加强公共文化产品和服务供给，更好满足人民群众精神文化生活需要。这为做好全省青少年教育基地建设工作提供了根本遵循。

2022 年是中国共产主义青年团成立 100 周年，为更好地向社会宣传推介陕西省青少年教育基地，以弘扬红色文化，传承红色基因，帮助青少年树立正确的世界观、人生观、价值观，切实提升陕西共青团的影响力和引领力，特编写《陕西省青少年教育基地通览》一书。

本书通过对现有陕西省青少年教育基地历史、文化、风貌、功能、特色进行梳理和展现，形成具有统一性、系统性的陕西省青少年教育基地资源资料集，有助于加深青少年对陕西革命历史文化深厚积淀和当代建设发展成就的认识，发挥陕西省青少年教育基地功用，引导广大青少年更好传承和弘扬陕西红色革命文化、社会主义先进文化及优秀传统文化，坚定听党话跟党走的信心和决心。

本书将陕西省青少年教育基地分为红色文化篇、传统文化篇、发展成就篇、社会实践篇四个独立单元，各单元原则上以地域为序编排。在搜集文献、取舍增删的过程中，我们积极与各相关单位部门对接，详细了解并系统梳理有关信息，得到了热情支持与大力帮助。在此，对辛苦付出的同志们表示感谢！

目录

第一章　红色文化篇

第二章 传统文化篇

第三章 发展成就篇

第四章　社会实践篇

第一章

红色文化篇

扶眉战役纪念馆

扶眉战役纪念馆地处陕西省宝鸡市眉县常兴镇，始建于 1953 年，是为纪念在解放战争西北战场上最大的一次战役扶眉战役中壮烈牺牲的解放军指战员而修建的一处纪念设施。纪念馆建筑面积 3300 平方米，展陈面积 2300 平方米。纪念广场占地 4976 平方米，纪念碑碑身高 19.49 米，寓意扶眉战役于 1949 年胜利告捷，正面镌刻着习仲勋同志于 1986 年 9 月题写的

▼扶眉战役纪念馆正门

"扶眉战役烈士纪念碑"九个大字。烈士陵园占地16567平方米，呈扇形排列，安葬着2160位烈士的忠骨；同时，还有歼-6教练机、歼-7B战斗机、强-5A强击机、坦克、装甲车、大炮等退役武器装备，丰富了纪念馆的看点。

扶眉战役是在中央军委主席毛泽东亲自部署下，彭德怀、贺龙、习仲勋率领第一野战军和西北军区广大指战员与国民党胡宗南、马步芳、马鸿逵部的一次大决战。1949年5月20日西安解放后，第一野战军遵照中央军委命令，经过战略退却、诱敌深入、集结兵力后，迎来决战时机。7月7日，第一野战军司令部、政治部发布了作战命令，扶眉决战开始。7月14日，第一野战军解放宝鸡，至此扶眉战役胜利告捷。此役歼敌1个兵团部、4个军部、8个整师另3个团，共计44000余人。在这次战役中，解放军指战员不怕牺牲，英勇作战，为夺取胜利伤亡4600余人，其中3000余人献出了宝贵生命。英雄的鲜血染红了西秦大地，烈士的英名永载共和国史册。

扶眉战役胜利的重大意义在于巩固了西安解放的重要成果，粉碎了胡马联合反扑的一切企图，收复与解放了眉县、扶风、岐山、宝鸡等九座县城，使第一野战军在西北战场上由相对优势转化为绝对优势，拉开了解放大西北进军大西南的序幕。扶眉战役胜利后，毛主席专电祝贺："歼胡四个军、甚慰。"原文化部部长贺敬之曾这样称赞道："班马尔后豪是谁？诸葛六出愧扶眉。昨夜尤闻彭总令，岐下新风兼程飞。"革命先烈用生命和鲜血在解放战争的历史画卷上写下了厚重的一笔，为我们树起了一座永远的丰碑。

扶眉战役纪念馆经过多年的建设发展，现在不仅成为广大党员干部群众开展党性教育，弘扬讲政治、敢担当、勇于奉献精神的动力源泉，而且是引导青少年传播正能量、弘扬主旋律、践行新风尚、培育

◀扶眉战役纪念馆全景图

民族情的实践阵地。扶眉战役纪念馆被命名为国家级烈士纪念设施、全国爱国主义教育示范基地、国家国防教育示范基地、国家 AAAA 级旅游景区、全国红色旅游经典景区，也是陕西省党员干部党性教育示范基地、廉政教育示范基地、党史教育基地、青少年教育基地、红领巾实践教育基地、中小学研学实践教育基地。

下一步，扶眉战役纪念馆将继续充分发挥“缅怀革命先烈、传承红色基因”的教育功能，开展爱国主义教育、革命传统教育以及核心价值观教育，努力建设成一流的全国爱国主义教育示范基地。

凤县革命纪念馆

凤县革命纪念馆位于陕西省宝鸡市凤县凤州镇。纪念馆通过丰富的历史文物、翔实的文史资料，生动展示了以习仲勋同志为代表的革命先辈在凤县开展兵运、策划“两当兵变”的辉煌历程，再现了红军过境、工合运动、解放凤县等红色往事，为广大党员干部群众缅怀追忆革命先烈、进行革命传统教育和爱国主义教育提供了生动课堂。

凤县革命纪念馆自2016年10月建立以来，一直

▼习仲勋雕像

尽最大努力保护“两当兵变”策源地旧址这一不可移动文物，保持其历史性、完整性和文化延续性，充分发挥爱国主义教育基地的作用。“两当兵变”策源地旧址于 2018 年 7 月列入省级文物保护单位。纪念馆占地面积 47154 平方米，建筑面积 8600 平方米，馆藏实物 185 件、照片 2000 余张、影视资料 13 部。纪念馆上下两层布展，一层为“序厅”“习仲勋在凤县革命活动展”“两当兵变主要领导人生平展”三个展区，二层为“凤县革命历史陈列展”“尾厅”。五大展区各自独立又相辅相成，历史脉络清晰，展览形式生动，展示内容翔实，并且综合运用图文展板、文物展示、实景复原、音像宣教等多种手段，使观众重回峥嵘岁月，接受革命精神洗礼。

凤县革命纪念馆自开馆以来，先后被确定为全国第二批红色旅游经典景区、中国华侨国际文化交流基地、陕西省爱国主义教育基地、陕西省青少年教育基地、陕西省廉政教育基地、陕西省党史教育基地、陕西省干部教育培训现场教学点、宝鸡市干部培训党性教育基地、宝鸡市青少年革命传统教育基地等 30 余类教育基地，同时与照金纪念馆结为“红色文化传承共建基地”。

近年来，凤县革命纪念馆充分发挥爱国主义教育基地在开展爱国主义教育、弘扬和培育民族精神中的特殊作用，以红色文化为底色，以优秀传统文化为底蕴，积极开展培育和践行社会主义核心价值观的实践活动：通过挖掘重要节庆日、纪念日蕴藏的丰富教育资源，利用“五四”青年节、“七一”党的生日、“八一”建军节等重要节日，举办庄重肃穆、内涵丰富的群众性庆祝和纪念活动；邀请感动凤县人物、凤县好人、劳动模范走进纪念馆，举办诗歌朗诵会、主题演讲，宣传先进人物的感人事迹和高尚品德；开展“讲好红色故事 传承红色基因”主题活动，积极发挥“红色文化代代传”红色文化教育志愿服务

▶ 宣传展厅

分队作用，走进中小学，传唱红色歌曲、观红色电影、讲革命故事、诵中华经典，激发青少年热爱祖国、热爱共产党，为振兴中华而努力学习的热情。纪念馆先后接待过 100 多家中省市各级单位来馆参观并开展革命教育主题活动，累计入馆游客突破 60 万人次。凤县革命纪念馆基地教育辐射作用日益凸显，知名度和影响力进一步提升，已成为广大青少年学习革命精神、传承红色基因的重要阵地。

宝天铁路英烈纪念馆

当走进宝鸡市繁华的经二路西端，迈入风景秀丽的炎帝园东北角，映入人们眼帘的便是这处具有七十多年历史的红色革命文化纪念馆——宝天铁路英烈纪念馆。它是为纪念中国人民解放军修建宝天铁路的革命精神和英勇烈士的光荣事迹，弘扬党和军队的优良传统、传承红色基因，培育广大干部群众、青少年的民族精神和爱国主义情怀而修建的一处红色纪念馆，也是宝鸡市区唯一一处省级重点烈士纪念建筑物保护

▼宝天铁路英烈纪念馆

单位。

纪念馆主要由宝天铁路烈士纪念碑、宝天铁路英烈纪念馆和宝鸡革命烈士纪念馆三部分组成。纪念碑始建于1952年春，由中国人民解放军十九兵团、陕西省军区修建，于当年10月1日建成竣工。纪念碑面向宝天铁路，整体为钢筋混凝土结构，总高27米，碑座北面镌刻有老一辈无产阶级革命家彭德怀、习仲勋的题词。1986年9月9日，习仲勋题写馆名“宝天铁路英烈纪念馆”。

纪念馆占地面积4000多平方米，建筑面积1379平方米，其中展览陈列面积 640 平方米，主要陈列了修筑宝天铁路时的命令、通知、指示、总结、英雄模范事迹、工地现场照片、施工图纸、模型及参加指挥宝天铁路建设的杨得志、李志民等部队首长为纪念馆的题词和习仲勋题写的馆名等珍贵资料。

宝天铁路的修建是新中国开发大西北的第一个壮举，也是中华人民共和国成立初期人民解放军参加国家经济建设的第一个伟大工程。宝天铁路纪念馆生动、翔实地记录了这段可歌可泣的历史，也真切展现了这段历史中深深蕴含着的革命文化。宝天铁路以陕西宝鸡为起点，甘肃天水为终点，全线 153 千米，是陇海铁路的重要组成部分。宝天铁路的建成通车，对于发展大西北经济、巩固国防和民族团结都具有极其重要的战略意义。

在宝鸡至天水 153 千米的崇山峻岭中，人民子弟兵克服了工程艰巨、不谙施工技术、给养和机械设备奇缺、自然条件恶劣等重重困难，凭借高度的爱党爱国爱民热忱，仅靠铁锨双手，劈山填沟，战天斗地。在这场特殊的战斗中，56 名指战员倒在了他们为之奋斗的宝天线上，书写了可歌可泣的壮丽诗篇。在英烈们的激励下，人民子弟兵仅用 8 个多月，就全线贯通宝天铁路。1950 年 12 月 12 日，宝天铁路顺利通车。

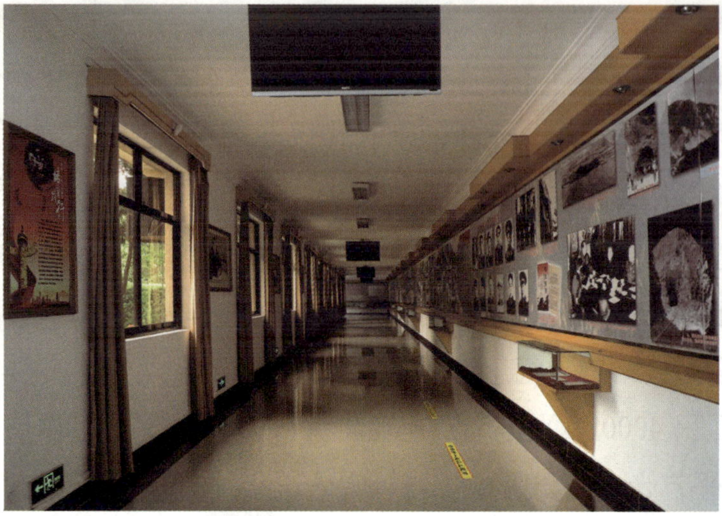

◀展馆内部照片墙

七十多年来，宝天铁路沿线日新月异，电气化列车已替代昔日的蒸汽机车，但那浸润着中国人民解放军指战员汗水和烈士鲜血的路基与道砟，凝结着人民子弟兵“听党指挥、敢打硬拼、技术革新、造福人民”的革命精神和优良作风，历经风雨沧桑依旧坚如磐石，承载着一列列飞驰的列车向着社会主义现代化强国的目标前进，激励着一代代青年人为实现中华民族伟大复兴的中国梦而不懈奋斗。

长乐塬抗战工业遗址

1938 年 10 月，在抗日战争的隆隆炮声中，为保存民族工业的火种，以申新纱厂为代表的 15 户企业从沿海地区内迁宝鸡长乐塬，以此为根基建成了拥有 200 多户企业的“秦宝十里铺工业区”，占到当时全国工业企业的 20.56%。同一时期，中国工合在宝鸡建立了 557 个工业合作社，宝鸡成为著名的“工合城”。

长乐塬抗战工业遗址是中国工业、工合运动的核心区申新纱厂的旧址。内迁企业和工业合作社冒着日军的封锁轰炸，在荒塬上建厂复工，修建起长达 1.75 千米的窑洞车间，把 1.2 万枚纱锭安装其内进行生产，不屈不挠坚持生产军需民用物资。这里见证了中国人自强不息、勇敢智慧的历史，是抗战后方的保障基地，也是中国工业精神的圣地。

▶ 长乐塬抗战工业遗址

长乐塬占据了中国近现代工业史的“五个第一”和“两个核心区”。（五个第一：一是中国第一批工业遗址；二是中国第一批工业园区；三是抗战时期全国最大的窑洞车间；四是全国保留最完整的工业建筑博物馆群；五是中国抗战时期最伟大的奇迹，孕育了伟大的工业精神。两个核心区：这里是当时中国工合运动的核心区和中国工业的核心区。）

2015 年，宝鸡市和金台区抢抓“一带一路”发展机遇，将长乐塬作为宝鸡建设“关天副中心城市”的“窗口”，累计投入 2.6 亿元，坚持保护第一，进行土地回收、遗址保护、文物征集、规划设计、建设运营等工作。根据业态、功能及文化属性划分“三个组团”。一期“工合之光”组团，对遗址进行修缮与复建，建设宝鸡工业博物馆，打造工业文化研学基

▼长乐塬抗战工业遗址

地、爱国主义教育基地，已于2020年11月26日开园。目前，项目二期、三期已全面启动。二期“工创天地”组团，将宝鸡工业历史文化与景观及室内陈列融合，打造具有博物馆性质的“双创”街区。三期“长乐家园”组团，打造集观光娱乐、共享互动、休闲体验为一体的宝鸡历史文化的“窗口”。

长乐塬抗战工业遗址以加强学生爱国主义教育为主题，聘请课题开发专业导师结合园区历史背景及园区特色，利用现有资源开发了一系列满足青少年需求的特色主题课程；以抗战历史、红色教育为主题开展沉浸式剧场——《保卫长乐塬》，结合时下年轻人易接受的角色扮演形式，为青少年搭建沉浸式学习教育平台；开展“小小讲解员”活动，让学生学习长乐塬历史，以“小小讲解员”的身份走进长乐塬抗战工业遗址，向游客和师生宣讲八十多年前申新纱厂的历史。通过各种形式创新的教育方式，长乐塬抗战工业遗址引领青少年走进历史，重温峥嵘岁月，学习革命历史，感受祖国发展的不易，向革命先辈致敬。

爷台山反击战遗址

爷台山反击战遗址位于咸阳市淳化县东 18 千米处，分为纪念馆和主峰两部分。爷台山东临耀州的张果老崖，西有豹子沟、桐树渠、火抱山，南有碑子崾岘和陶家庄，北为沟壑，山势雄伟，峰峦叠嶂，林草茂盛。爷台山反击战纪念馆四周主要栽植洋槐树、柏树、松树作为整体背景，再利用主峰烘托出肃穆的意境。纪念馆面积为 80 平方米，馆内以图片和文字的形式展现爷台山反击战的历史意义，以及各位革命先烈的英勇事迹。

爷台山反击战遗址为近现代重要史迹及代表性遗

▼爷台山反击战纪念馆

◀纪念馆内部展厅

迹，曾是爷台山反击战的主战场，张宗逊、习仲勋等老一辈革命家曾经在这里浴血奋战。遗址作为革命斗争的历史见证，承载着深厚的精神内涵，记录着光辉的革命史迹，凝聚着爱国情怀和民族精神，在服务于“三个文明”建设和构建和谐社会方面，有着不可替代的作用。

爱国主义是中华民族的光荣传统，是推动中国社会前进的巨大力量，是各族人民共同的精神支柱，是社会主义精神文明建设主旋律的重要组成部分，也是中国培养四有新人的基本要求。爷台山青少年教育基地近年来充实红色教育资源，挖掘教育内涵，丰富教育活动，强化社会服务，在爱国主义教育、青少年思想教育建设等方面发挥了极为重要的作用。教育基地通过举办各类烈士公祭集中追思活动，对淳化县各级部门、学校及人民群众开展爱国主义教育，扩大了爱国主义教育基地的辐射面和影响力。每年有数万人次的青少年前往爷台山祭奠烈士英灵，参加国防教育、爱国主义教育、革命传统教育活动。走进爷台山反击战遗址，生在和平年代的我们能感受到未曾有过的那种澎湃激情，崇敬之情油然而生。

长武县亭北村革命活动旧址

长武县亭北村革命活动旧址位于咸阳市长武县亭口镇亭北村老龙山，在古丝绸之路遗址左侧，总面积2800平方米。这里曾是习仲勋挚友王志轩的住宅，是一处典型的当地农家院落，坐西朝东，西为高起黄土陡坎，8孔窑洞镶嵌其中，下有6孔窑洞，上有2孔高窑，窑前为黄土地面，东以黄土墙围成，是习仲勋早期从事革命活动的重要遗址。长武县亭北村革命活动旧址包括以习仲勋革命活动旧址为核心的周边区域，是红色旅游AAA景区。整个景区分为入口区、纪念广场区、旧址保护区、侯王邮驿游览区和亭口驿古丝路文化展示区五部分。

长武县亭北村革命活动旧址2009年开始建设，逐步投资5500万元，2013年正式对外开放，平均每天接待游客达300人次，年总接待游客

▶ 习仲勋同志革命活动旧址

达10万人次以上。长武县亭北村革命活动旧址属陕西省人民政府第七批重点文物保护单位，是长武县开展爱国主义和革命传统教育基地，也是咸阳市首批命名的党史教育基地之一，具有悠久的历史和光荣的革命传统。老一辈无产阶级革命家王孝锡、习仲勋、刘伯坚、孙作宾在长武建立了党的组织，扩大了革命武装力量，开展了英勇的对敌斗争，谱写了一曲曲感人的革命凯歌。先辈们对理想的执着、对革命的激情、对美好生活的追求以及在艰苦环境中不屈不挠的精神，成为后人宝贵的精神财富和不断前进的力量源泉。

长武县亭北村革命活动旧址是习仲勋同志在长武进行革命活动的历史见证。为了让红色地标释放出强大的精神力量，让红色基因被激活，让红色革命精神得以继承发扬，更好地发挥红色教育基地的作用，2010年，长武县亭北村革命活动旧址聘请陕师大旅游规划设计研究所专家策划，并依据习仲勋同志在长武县开展革命活动史实，遵循客观再现历史、挖掘红色内涵、弘扬革命精神原则，制定《陕西省长武县习仲勋革命活动旧址保护规划》，对习仲勋革命活动旧址进行保护性修复，合理布局周边地域空间、营造景观、绿化环境，2013年完成全面修复保护并对外开放。

为了进一步传承地域历史文脉，传承红色基因，弘扬革命传统，建好爱国主义教育基地，县委、县政府决定在长武县亭北村革命活动旧址景区内建设长武县革命历史陈列室，充分展现自民主革命以来，长武百年来的历史变迁和发展历程，为建设富裕文明美丽新长武凝聚强大的精神力量。长武县革命历史陈列室位于长武县亭口镇老龙山二号城墙内，总占地面积1140平方米，建筑面积为960平方米，总投资515.74万元，2018年5月开始施工，2019年10月竣工使用。该陈列室共分为四个展区，包括序厅（浮雕）、长武革命史（大革命时期、土地

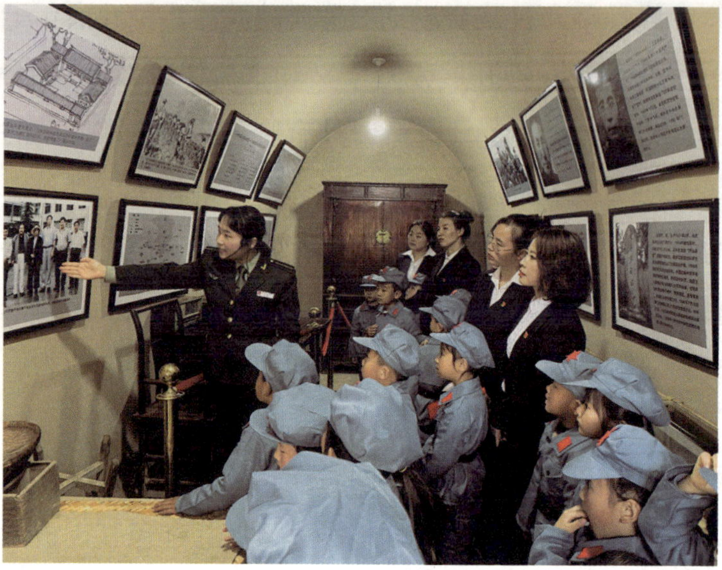

◀讲解员为“小红军”生动讲解革命历史

革命时期、抗日战争时期、解放战争时期)、红色烙印(习仲勋在长武及两当兵变)、走进长武四大功能展示区，全方位体现长武县革命历史传统和厚重的文化内涵，是开展青少年爱国主义教育活动的重要平台。迄今，已经开展了“青少年学党史”“红色运动会”等多项活动，让孩子们在活动中“学党史、感恩党、跟党走”，传承红色基因，让革命精神代代相传。

陕甘边革命根据地照金纪念馆

陕甘边革命根据地照金纪念馆位于陕西省铜川市耀州区照金镇，距铜川市区40余千米，是集宣教、研究、红色旅游等功能于一体的综合性纪念馆。陕甘边革命根据地是中国北方第一个山区革命根据地，是刘志丹、谢子长、习仲勋等共产党人把毛泽东工农武装割据思想与陕甘边具体实际相结合的光辉典范，为陕甘革命根据地的发展奠定了基础，积累了经验，培养了一批优秀人才，为中国革命做出了重要贡献。

▼陕甘边革命根据地照金纪念馆全景

1993 年 5 月，陕西省委在照金镇举行陕甘边照金革命根据地创建 60 周年纪念活动，并决定修建陕甘边革命根据地照金纪念馆。修建工程于 1996 年动工，2004 年 4 月完成，纪念馆首次对外开放，展馆面积 420 平方米。为了更好地发挥全国爱国主义教育示范基地作用及革命传统教育功能，2012 年 6 月，照金纪念馆由耀州区上划至铜川市委管理，并实施改扩建工程。2013 年 9 月，新馆建成开放，建筑面积 6500 平方米，展厅共有两层。一层为序厅、主展厅，以陕甘边革命根据地历史为主线，用翔实的历史资料、图片、文物和各种现代化的展陈技术，分八个单元再现创建以照金为中心的陕甘边革命根据地的艰难历程；二层为陕甘边革命英雄纪念展区及主题油画展区，15 幅油画以重大革命历史事件为主题，用艺术的手法呈现了革命斗争的历史场景。

目前，照金纪念馆是全国百家红色旅游经典景区之一、全国爱国主义教育示范基地、国家级国防教育基地、第六批国家级烈士纪念设施、全国青少年教育基地、全国红军小学建设工程爱国主义教育基地、中国延安干部学院综合教学基地、全国关心下一代党史国史教育基地。同时，照金纪念馆与西安交通大学、南方科技大学、西藏民族大学等

◀纪念馆部分展品

全国多所院校共建爱国主义教育基地，已成为爱国主义和革命传统教育的主阵地，为青少年教育事业提供了一份稳定持久的支持力量。

近年来，照金纪念馆不断拓宽思路，积极探索新形势下青少年教育的新路子，精心组织举办形式多样的展览及活动，使教育基地成为青少年思想道德教育的大课堂。纪念馆针对性地对讲解内容进行编排：在讲解形式上，使用快板书讲段子、小民谣讲故事等综合艺术形式，把宣教艺术化、多样化，使之与传统讲解相融合，达到寓教于乐的目的；在讲解内容上，针对中小学生着重讲述他们接触学习过的相关文物、历史知识，通俗易懂地讲出他们感兴趣的战斗故事和英雄人物，进而引发他们的兴趣，引起他们的共鸣，变被动接受教育为主动接受教育。同时，纪念馆积极开展“小小讲解员”培训活动，共招募20余名语言功底强、善表达的中小学生组成照金纪念馆小小讲解员志愿者服务队，利用周末及节假日选派讲解员对这些学生进行培训。目前，20余名孩子已基本达到上岗水平，会在暑期为前来纪念馆参观的夏令营等团队开展讲解服务。纪念馆还开展以“弘扬照金精神 传承红色基因”为主题的红色文化进校园活动，先后走进西安市东前进小学、铜川市朝阳实验小学、宜君县第一中学、印台区三里洞小学等中小学校，宣传红色文化，受教师生达2万余人。纪念馆通过快板、红色故事、情景剧等青少年听得进、看得懂的形式讲述照金革命史，传播红色文化，激发了青少年的爱国热情、强国之志，培育了青少年的民族精神。

薛家寨革命旧址

薛家寨革命旧址位于陕西省铜川市耀州区照金镇，是1999年5月陕西省政府批准公布的第四批省级风景名胜区，现有哨卡及1至4号红军寨和李妙斋烈士墓，还有黑田峪革命旧址、秀房沟、龙家寨、杨八姐梳妆台、箭穿崖等景点，同时它是全国百家红色旅游经典景区之一。薛家寨革命旧址是陕西省21个重点景区之一和省级重点文物保护单位，2011年7月被陕西省评为省级第一批丹霞地质公园，2012年4月23日被国土资源部授予第六批国家地质公园资格，2014年5月被评为国家AAAA级景区，2015年7月被评为国家级国防教育基地，2018年6月被铜川市教育局、铜川市旅游发展委员会评为铜川市中小学生研学实践教育基地，2019年1月被共青团陕西省委评为陕西省青少年

◀薛家寨革命旧址

▶险峻崎岖的山路

教育基地。同时，薛家寨革命旧址作为陕甘边照金革命根据地旧址的一部分被国务院公布为第七批全国重点文物保护单位。

薛家寨地处桥山山脉南段，海拔 1604 米，这里重峦叠嶂，密林如海，为三面绝壁之舌状狭长山岭，地势十分险峻，自古以来都是兵家必争的军事要地。1933 年，刘志丹、谢子长、习仲勋等老一辈革命家率领陕甘边党政军领导机关进驻薛家寨后，利用山上 4 个天然岩洞修筑了红军支队驻地、被服厂、红军医院、军械厂、陕甘边特委驻地，还修建了寨楼、堞墙、战壕、哨卡等防御工事，这使薛家寨成为陕甘边革命根据地的政治、军事指挥中心。

薛家寨革命旧址开辟了新的爱国主义教育实践点，以成为西北地区党建游、红培游、研学游精品目的地与创建 AAAAA 级风景区为长期发展目标，构筑具有照金特色的红色教育培训基地。

军台岭

军台岭村位于铜川市王益区东北部，距市区 6 千米，紧邻印台区陈炉镇，地理位置特殊，历史文化积淀深厚。军台岭海拔 1340 余米，是铜川老市区的制高点。这里自古以来是兵家必争之地，常有驻军而得名军台。1937 至 1949 年抗日战争与解放战争期间此处发生了 3 次战斗，留下了烽火硝烟的战斗遗迹，因此又被称为“红色军台岭”。

军台岭教育基地于 2016 年开始筹备，2019 年进

▼红色军台岭全景

行了改扩建。基地契合青少年认知特点和青年干部成长需求，精准挖掘军台岭革命精神及革命烈士先进事迹，引入仪式教学、体验教学、实践教学、拓展教学等理念，研发系列特色课程，面向青少年和青年干部开展理想信念教育和艰苦奋斗精神教育，使他们感受革命先烈在当年极其艰难的环境下，不屈不挠、勇担重任、冲锋在前，为争取民族独立、人民解放而不怕牺牲的伟大革命精神，从而坚定理想信念，提升党性修养，激发工作干劲。

红色军台岭战斗遗址2018年被授予铜川市干部教育培训现场教学点以来，建强基础设施，创新培训方法，丰富培训内容，成为铜川市内外传承红色基因、汲取精神力量的重要阵地，被命名为铜川市爱国主义教育基地。《铜川日报》、陕西党建网等媒体对王益区打造军台岭党性教育基地的做法及成效都进行了宣传报道。

军台岭教育基地现场教学点在盘活教育资源、创新教学流程、开展分类施教方面，进行了再提升。一是挖掘红色资源，加强基础设施建设。为进一步完善军台岭战斗遗址基础设施，基地先后投资1638万元，围绕“纪念广场、战役复原、古驿道建设”三个场景，对纪念碑、纪念广场、浮雕、碉堡、步行道等设施进行修复建设，并对军台岭绿化、亮化工程进行升级改造，提升了干部教育培训的质量。二是创新教学流程，打造特色教育品牌。基地精心设计“看、走、宣、听、唱”五环教学模式：看《军台岭战斗》纪实片，让学员了解战斗历史；徒步军台岭，整编分团、攻占碉堡，让学员体验战斗艰辛；重温入党誓词，让学员缅怀革命先烈，升华党性；聆听党课，让学员感悟革命先烈的坚定理想信念；开展“红歌嘹亮”比赛，激发学员斗志，凝聚力量。三是开展分类施教，传承红色基因。针对不同的主体班次，基地在开展党性教育现场教学活动中，分别制定寄语，提升党性教育的针

◀军台岭战斗纪念碑

对性和实效性。自党史学习教育活动开展以来，军台岭教育基地共承接省内外各类培训班800余次，培训学员7万余人。

军台岭战斗遗址现已被列为陕西省革命文物，被命名为陕西省青少年教育基地、铜川市干部教育培训现场教学点、铜川市爱国主义教育基地、铜川市青少年爱国主义教育基地、照金干部学院现场教学点、王益区红色军台岭党性教育基地、王益区军台岭青少年爱国主义教育基地、王益区国防教育基地、王益区校外活动培训基地等。依托政府项目支持，军台岭村以独特的地理位置、文化资源，大力实施人居环境综合整治、美丽乡村建设以及乡村振兴发展工作，先后被授予铜川市最美乡村、省级乡村旅游示范村、省级美丽宜居示范村、省级人居环境整理示范样板村、省级乡村振兴示范村、国家生态文化村、国家级森林乡村等荣誉称号。

桥儿沟革命旧址

延安是中国革命圣地，新中国文艺出发地。延安文艺是民族解放的号角、时代精神的火炬，是中国共产党人把马列主义文艺理论同中国革命文艺实践相结合的成功典范，是中国革命事业的重要组成部分，是中国特色社会主义文化的重要精神源泉。桥儿沟革命旧址保护范围占地 780 亩，1996 年 11 月被国务院公布为全国重点文物保护单位。桥儿沟革命旧址是“决定中国之命运”的六届六中全会召开地，是鲁迅艺术

▼延安文艺纪念馆

文学院所在地，更是革命文化的圣地、新中国艺术教育的开创地，为国家、为民族留下了宝贵的文化遗产和精神财富。

延安文艺纪念馆于2020年5月23日正式对外开放，建筑本体为二层，建筑面积1.2万平方米，陈列面积0.6万平方米。延安文艺纪念馆的展览以中共中央1935年至1948年在延安13年的革命文艺历程为线索，上下延伸至五四新文化运动、左翼文艺运动及中华人民共和国成立后，分为“文艺队伍汇聚延安”“文艺组织蓬勃兴起”“抗战文艺民族怒吼”“延安文艺座谈会”“人民文艺气象万千”“肩负使命走向胜利”6个单元。鲁迅艺术文学院是培养文艺人才和文艺工作者的高等学府，短短八年时间中，不仅云集和

▼鲁迅艺术文学院旧址

培养了茅盾、周扬、沙可夫、吕骥、冼星海、何其芳、蔡若虹、艾青、贺敬之、马可、安波、王昆、于蓝、王朝闻、古元等一大批民族优秀的文艺精英，为全人类奉献了《黄河大合唱》《白毛女》等一大批具有“中国作风和中国气派”的经典作品，成为中国共产党领导下的中国革命文化的圣地，而且培育出内涵丰富、影响深远、独具魅力的鲁艺精神，第一次向全世界雄辩地证明了中国共产党“既是中国先进文化的积极引领者和践行者,又是中华优秀传统文化的忠实传承者和弘扬者”，为社会主义文化、中国特色社会主义文化建设提供了重要的思想基础和宝贵的艺术借鉴。

纪念馆共展出图片 1263 张，实物 520 件，场景 16 处，油画 7 幅，雕像 28 尊，蜡像 6 座，有投影仪 27 台，多媒体演示 39 项，微缩景观 3 处，体验互动 3 项。通过艺术性、科技性、可视性、趣味性、互动性相结合的展陈手段全面客观再现延安文艺发展的光辉历程，充分展示延安文艺的深远影响，集中体现伟大的延安文艺精神，培育和践行社会主义核心价值观。

洛川会议纪念馆

洛川会议是在抗日战争全面爆发，中华民族处在危亡之际的重要历史关头召开的一次会议，因此它是一次十分重要的具有历史转折性、战略性、全局性和关键性的会议，为中华民族最终战胜日本帝国主义，实现民族独立和解放做出了巨大贡献。

1937 年 8 月，洛川会议召开以前，洛川会议旧址原为一所私塾，房产归村民冯建勋所有。1937 年 8 月 22 日至 25 日，中共中央在这里召开了政治局扩

▼洛川会议纪念馆全貌

大会议，即洛川会议，讨论通过了《关于目前形势与党的任务的决定》《抗日救国十大纲领》及宣传鼓动提纲，组建了新的中央军委和长江沿岸委员会、中央军委前方分会，发布了红军改编为八路军的命令。张闻天、毛泽东、周恩来、朱德、彭德怀等 22 人出席了会议。1961 年经肖劲光、肖克等同志确认，根据国家档案局曾三局长提供的洛川会议有关资料，确定了洛川会议旧址。1966 年，洛川会议旧址管理筹备处成立，并对外开放，1980 年更名为洛川会议纪念馆。

洛川会议旧址现存小院一座，内有坐北朝南砖窑两孔，左侧窑洞为当时的会议室，右侧为毛泽东旧居。洛川会议纪念馆自 1966 年建馆以来，曾多次修缮，特别是经过 2003 年和 2009 年两次扩建、维修、重新布展，面貌发生了较大变化，现总占地面积 19869 平方米，其中建筑面积 6500 平方米，展厅面积 400 平方米。2003 年由中央文明委投资 100 万元，修建了仿古陈列室 10 间，新修了大门楼，新修并硬化了停车场。2005 年，洛川会议纪念馆被国家列入“中央一号工程”。经过近两年的维修和布展工作，洛川会议纪念馆现已对外开放了徐向前旧居、警卫队、总务处、机要室等 6 个旧址院落 11 孔窑洞、5 间瓦房。

作为全国重点文物保护单位和全国爱国主义教育基地的洛川会议纪念馆，以习近平新时代中国特色社会主义思想为统领，紧紧围绕社会主义核心价值观，继承和弘扬中华优秀历史文化和区域文化精髓，结合学校德育体系，培育广大青少年不畏强暴、不甘屈辱的自强精神与万众一心、众志成城的团结精神，同时大力弘扬民族精神，培养青少年的爱国主义精神和历史责任感，使其承担起振兴中华的历史使命。

一是“走出去”办展览。通过举办题材广泛、主题鲜明、内涵丰富，具有较高思想性、观赏性、知识性和时代性的展览，充分发挥纪念馆作为青少年教育基地的爱国主义教育职能，坚持走进学校进行素

◀旧址窑洞

质教育及爱国主义教育。通过积极与教育部门联系，定期座谈，及时了解学校的教育主题，共同制订方案、计划，组织宣教队伍走进大中小学课堂讲党课、讲红色故事，帮助广大青少年树立正确的人生观、世界观和价值观。

二是“请进来”现场体验。在每年的清明踏青时节，洛川会议纪念馆邀请各大中小学校组织学生来馆参观，缅怀伟人的丰功伟绩，利用和发挥好独有的红色教育资源，教育引导青少年从先辈和英雄事迹中继承光荣传统，赓续红色血脉，让青少年爱学乐学，让红色教育入脑入心，让他们从中有所悟、有所学、有所得。

毛岸英青少年教育中心

毛岸英青少年教育中心位于延安市宝塔区柳林镇吴枣园村，距离延安城区 5 千米，占地面积 7 亩。1946 年 3 月 13 日，毛岸英被父亲毛泽东送到吴枣园村拜师学农 8 个多月。毛岸英青少年教育中心由毛岸英旧居、毛岸英拜师学农陈列馆、毛岸英学农基地和毛岸英纪念林组成，2010 年被宝塔区政府公布为区级文物重点保护单位，2012 年 10 月与 2015 年 10 月

▼毛岸英青少年教育中心全景

先后被共青团陕西省委授牌为陕西省青少年教育基地，2013 年 3 月被延安干部培训学院确定为学院教学点，2014 年 6 月被陕西省政府公布为省级文物重点保护单位。

学农陈列馆和毛岸英旧居共展出毛岸英生前用过的珍贵工具、物品、资料、照片 800 余份（件）。学农基地和纪念林由“开荒”“耕地”“播种”“收割”等部分组成，使青少年切身感受毛岸英拜师务农时的艰苦，感受劳动人民的伟大与辛勤，理解艰苦奋斗、自力更生等延安精神的内涵。自开放以来，毛岸英青少年教育中心接待全国各地游客 5 万余人次，接待了毛泽东孙子毛新宇和毛岸英夫人刘思齐及各级领导，参与《毛岸英》电视剧拍摄取景，开展延安干部学院干部培训、成长军营体验生活等各种活动 40 余次，成为延安重要的红色旅游窗口。

毛岸英青少年教育中心的创建，是要让更多的人了解毛岸英生平事迹，让青少年向毛岸英学习，让更多的人学习毛岸英吃苦耐劳的精神，探寻延安精神深刻的内涵。进行毛岸英事迹精神宣传，在更广大的层面上是为了宣传延安精神及改革开放四十多年来延安发生的巨大变化，从而进一步提升红色教育旅游的文化内涵，实现其革命传统教育的社会功能，发挥其应有的社会价值，从而产生积极的社会效益。

吴起革命纪念馆

吴起革命纪念馆始建于 1966 年 12 月，当时称毛主席旧居纪念馆，1967 年 5 月改称吴旗镇革命纪念馆，1976 年更名为吴起革命纪念馆，1982 年合编吴起县文物管理委员会办公室，1984 年设立文管所，2013 年 12 月正式更名为吴起县文物管理办公室，2018 年更名为吴起县文物保护中心（吴起革命纪念馆），2006 年 5 月 25 日被国务院公布为第六批全国重点文物保护单位。

吴起革命纪念馆位于吴起县城长征街东北侧燕窝

▼吴起革命纪念馆北院

山脚下，原为当地宗姓富户的庄院，旧址分为南北两院，共保存 21 孔窑洞，西南侧有石木结构牲畜棚。纪念馆原址为南院，1996 收回北院，2000 年扩建北院，2013 年办公楼、展厅竣工并进行吴起革命斗争史陈列布展，2014 年 11 月正式开馆。

吴起革命纪念馆馆藏文物 1048 件，其中革命文物 211 件，历史文物 837 件（一级文物 2 件，二级文物 10 件，三级文物 181 件）。重要展品“一把珍贵的手枪”，有着这样的故事：毛主席快离开吴起镇的一天，跟随毛主席的张参谋把张明科领到毛主席的住处；毛主席送给张明科一把勃朗宁手枪（德国制造）和 30 发子弹，张明科带着这把珍贵的手枪，驰骋疆场 20 多个春秋，立下赫赫战功；1971 年张明科把心爱的手枪赠给吴旗镇革命纪念馆。2004 年由陕西省委宣传部和延安市委举办的“延安精神永放光芒”大型展览在北京举行，其中参展的就有毛主席送给张明科的这把手枪。这把毛主席用过的手枪引起了参观者的极大兴趣。

吴起革命纪念馆文物主要反映了当地历史时期文化内涵，具有较

◀历史的丰碑

高的艺术文化和科学研究价值。

针对广大中小学生的特点，讲解员着重讲述发生在“切尾巴”战役中著名的战斗英雄和老八路、老红军的感人故事，把党史和革命史深深植入孩子们心中。为了增强教育效果，吴起革命纪念馆从县城 7 所中小学校中聘请 30 多名优秀小小讲解员，在节假日让他们进行义务讲解。清脆的童音、娓娓道来的故事，使很多人留下了难忘的记忆。

多年来，纪念馆始终坚持利用丰富的革命遗址、历史遗迹，对广大干部群众，特别是中小学生，开展持续性的爱国主义教育，获得了显著效果。每逢重要节日、纪念日，各学校都积极主动组织学生到纪念馆参观学习，并在此开展形式多样的班会、队会、团组织活动，以及读书演讲等活动。据统计，参观教育基地的干部群众和中小学生累计达 60 万人次。他们在参观学习的过程中，从中华民族不屈不挠的奋斗历史中汲取丰富的精神养分，从革命英烈的丰功伟绩中受到强烈的精神震撼，从先进典型的感人事迹中获得深刻的精神启迪，从而进一步增强爱国情感并坚定报效祖国的决心。

延安凤凰山革命旧址

延安凤凰山革命旧址位于陕西省延安市宝塔区凤凰山脚下，是中共中央驻地旧址，全国重点文物保护单位，还是第一代领导人挽救革命成果，进行抗战的革命根据地之一，也是了解当时抗战历史的主要历史遗址之一。

延安凤凰山革命旧址是中共中央 1937 年 1 月 13 日至 1938 年 11 月 20 日的所在地，在此期间，中共中央实现了土地革命战争向抗日民族战争的战略转

▼毛泽东旧居

变，度过了抗日战争的战略防御阶段。在西安事变和平解决、国内和平基本实现的情况下，党中央派出以周恩来为首的代表团同国民党进行了多次谈判，最终实现了国共第二次合作。

1938 年日本侵略者的飞机轰炸延安时，除红军总参谋部和毛泽东、朱德、周恩来旧居外，旧址其他建筑均被炸毁。1957 年，凤凰山革命旧址开始修复工作，1959 年正式对外开放。1961 年，凤凰山革命旧址被国务院公布为第一批全国重点文物保护单位，1997 年被公布为第一批全国爱国主义教育示范基地，2005 年被公布为第一批全国红色旅游经典景区。现为国家 AAA 级旅游景区。旧址全年免费开放。现有文物藏品 103 件，未定级。年接待参观群众约 40 万人次。三年来，累计接待全国党员干部与青少年参观

▼刘伯承旧居

学习 67 万余人次。

近年来，延安凤凰山革命旧址管理处一直以弘扬社会主义核心价值观为主线，加强未成年人爱国主义和革命传统教育，大力推进未成年人思想道德建设，并取得了实效。延安凤凰山革命旧址组织业务骨干精心策划，打造了“我是小八路”这一精品研学主题教育活动。该活动荣获 2018 年陕西省首届博物馆教育项目优秀案例二等奖。活动队伍主要由旧址工作人员、讲解员、结对子学校及社会力量构成。每次活动前，旧址会根据结对子学校参加本次活动的学生人数招募工作人员，实行统一管理、岗前培训，考核达标后方可提供服务，使服务队伍逐步正规化、科学化、一体化。“我是小八路”主题教育研学活动已成为延安市知名红色研学教育项目。今后，延安凤凰山革命旧址将坚持改革创新精神，在活动原有基础上不断完善改进，力求在活动项目的过程策划、环节编排等方面精益求精，铸造品质典范，最终取得可复制、易推广、效果好的社会效应。

延安革命纪念馆

延安是中国革命圣地。为了集中展示中共中央在延安和陕北领导中国革命的丰功伟绩，1950 年 7 月 1 日，延安革命纪念馆在延安市南关原陕甘宁边区交际处正式建立，成为中华人民共和国成立后建立的最早的革命纪念馆之一。1956 年春，延安革命纪念馆从延安南关迁至城内凤凰山麓；1973 年，迁至现在的馆址王家坪。2004 年 4 月，延安革命纪念馆被中共

▼延安革命纪念馆外景

中央宣传部确定为全国爱国主义教育示范基地“一号工程”重点建设的三个教育基地之一；2006 年 10 月，正式动工拆除原馆建新馆；2009 年 8 月 28 日，新馆全面建成并免费对外开放。

延安革命纪念馆占地面积 287 亩，建筑面积 29853 平方米，拥有馆藏文物 3.6 万件，珍贵历史照片 1 万余张，图书 3 万余册，是一座集收藏、展示、研究、宣传为一体的革命纪念馆。现年接待观众近 400 万人次。为了庆祝中国共产党成立 100 周年，延安革命纪念馆圆满完成了基本陈列第 10 次陈列提升改造工作，“伟大历程——中共中央在延安十三年历史陈列”于 2021 年 6 月 30 日重新对外开放，以崭新风貌喜迎建党百年华诞。新的基本陈列面积达 10677 平方米，展线长度为 1200 米，共展出珍贵文物 2021 件（组）、照片 900 余张；展览共分为七个部分，完整再现了中共中央在延安十三年的壮阔画卷，完整再现了毛泽东思想成熟发展和确立为党的指导思想的光辉历程，完整再现了光照千秋的延安精神形成的历史进程。

近年来，为更好地发挥青少年教育基地作用，加强“四史”学习，赓续红色血脉，延安革命纪念馆认真贯彻落实习近平总书记“把红色

◀“延安精神永放光芒”展厅

资源利用好、把红色传统发扬好、把红色基因传承好”的指示，持续加强红色教育资源开发利用，拓展青少年教育形式，建立馆校合作长效机制，营造爱国主义教育的良好环境和氛围，让延安革命纪念馆真正成为进行青少年爱国主义、革命传统、延安精神教育的鲜活教材和生动课堂。

纪念馆坚持“展教并重”，提升研学活动质量，与中小学校合作策划举办的“小小讲解员”“七彩学堂”“听妈妈讲故事”“我心中最美博物馆”绘画大赛等活动受到社会普遍好评，其中红色远足活动荣获陕西省首届博物馆教育项目优秀案例二等奖。针对中小学生特点，纪念馆利用数字化和多媒体技术优势，融合原创手绘、动态漫画、图文视频、音乐动效、热点交互等形式，着力打造了“小青马的革命征程”“延安与青年”等 13 堂精品研学课程。此外，纪念馆创新展示手段，探索青少年教育新方式。在基本陈列中采用先进的博物馆展陈理念，设置了 3D 裸眼技术等多媒体展示手段和互动展项，通过网上展览、虚拟展厅、数字博物馆、在线直播等方式推出各类线上创意活动。用青少年喜闻乐见的方式，全面系统地展示以毛泽东为核心的中共中央在延安和陕北十三年领导全国革命走向胜利的光辉历史。

延安中共中央西北局旧址

中共中央西北局旧址位于陕西省延安南川花石砭半山腰，现存土石窑洞150余孔。依托全国爱国主义教育基地“一号工程”，西北局旧址维修保护工程于2007年4月开工，2009年7月竣工。旧址内现开放旧居主要有组织部、统战部、宣传部、图书室等20余孔土窑洞，以及13孔领导人旧居石窑洞群组，此外还存有小礼堂、会议室、机关餐厅各一座。2006年5月25日，被国务院公布为全国重点文物保护单位。

▼ 中共中央西北局旧址景区全景图

中共中央西北局是党中央在西北地区的派出机构，是西北地区党、政、军、群的最高领导机关。1941 年 5 月，边区中央局与中央西北工作委员会合并，成立中共中央西北局。延安时期，西北局先后设有组织部、宣传部、统战部、城工部、财经委、青委、妇委等部门。高岗、彭德怀、习仲勋先后任书记，马明方任副书记。1947 年 3 月，国民党军队进犯延安。西北局机关于 3 月 14 日随党中央撤离延安，转战陕北。1948 年 5 月返回延安。1949 年 5 月，迁驻西安。

西北局成立后，在中共中央的直接领导下，负责管理陕甘宁边区（包括伊克昭盟地区）及西北各省国民党统治区党的工作，领导西北地区党的组织和边区军民，贯彻执行党的路线、方针、政策，为夺取抗日战争和解放战争的胜利做出巨大贡献。西北局是执行党中央各项方针政策的模范，对边区的政治、经济、文化建设做出了重大贡献，使陕甘宁边区成为新民主主义的模范试验区。

中共中央西北局纪念馆于 2012 年 11 月开工建设，2013 年 12 月竣工，2014 年 3 月 18 日正式落成对外开放。纪念馆建筑面积 8035 平方米，陈展面积 4000 平方米，由序厅、三个展览厅和一个临时展览厅组成，展线总长度 1000 多米。馆内“西北革命根据地暨中共中央西北局历史陈列”分为三部分：第一部分为西北革命根据地的创建，第二部分为建设模范抗日民主根据地，第三部分为转战陕北和解放大西北。陈列分 7 个单元，共展出实物 400 余件，照片 460 张，图表 74 幅，场景 13 个，文字版面 76 块，雕塑 16 组，油画（国画）11 幅，硅胶像 6 组，展出人物 200 余人，还包括西北局工作人员 1000 多人的名单。

纪念馆结合自身特点，设计了针对不同学段学生的讲解词，可以保障学生达到预期学习效果；所有讲解老师都有个人阵地宣讲现场教学课，可以对学生感兴趣的内容开展更深入的专题讲座；纪念馆还推

◀小小讲解员"延安精神永相传"暑期宣教活动

出针对中小学生的礼仪礼节课、卫生健康课、普通话提升课、讲解培训课等教辅课程以及快板《西北烽火映满天》等文艺演出，进一步丰富青少年教育内容。

西北局纪念馆临时展厅会不定期与全国各文博单位联合举办临时展览，2019 年 6 月与福建省龙岩市中央苏区历史博物馆共同举办介绍闽西革命根据地发展历史的"风展红旗如画"专题展览；9 月与马克思主义传播展览馆联合举办"信仰的力量——不忘初心 牢记使命"主题教育展览等。

延安杨家岭革命旧址

延安杨家岭革命旧址位于延安市宝塔区杨家岭路，是中共中央驻地旧址。1938 年 11 月 20 日，日本侵略者飞机首次轰炸延安城，中共中央机关由城内的凤凰山麓迁驻杨家岭。毛泽东、朱德等 20 多位中央领导先后在此居住，中共中央办公厅、中共中央青年工作委员会等 20 多个中央职能机关在此设立。

1947 年 3 月，杨家岭的建筑物遭到严重破坏，1953 年后开始陆续修复，1959 年 9 月正式对外开放。

▼毛泽东旧居

1961 年 3 月，杨家岭革命旧址被国务院公布为第一批全国重点文物保护单位，1997 年 7 月被中宣部公布为全国首批爱国主义教育示范基地，2019 年被共青团陕西省委命名为陕西省青少年教育基地。

杨家岭革命旧址占地面积约为 11.2 万平方米，建筑面积约为 7.8 万平方米，革命文物主要包括两处大型建筑与 160 多孔窑洞，是国家 AAAAA 级景区。党的十九大以来，杨家岭革命旧址深层次、多角度展示丰富历史文化内涵，是延安对外文化交流的重要窗口，是广大青少年接受爱国主义教育的第二课堂，是延安乃至全国各级各类学校、机关开展爱国主义教育活动的基地。

党中央在杨家岭期间，召开了党的第七次全国代表大会，开展了延安整风运动，发起了大生产运动，召开了延安文艺座谈会，领导了抗日民族统一战线。毛泽东等老一辈革命家在这里从事了大量的理论研究工作，实现了马克思主义中国化的第一次理论飞跃。革命先辈曾在这里谱写了艰苦卓绝、感人肺腑的革命故事，孕育了实事求是、自力更生、艰苦奋斗、理论联系实际与开拓创新的伟大精神。

杨家岭革命旧址以宣传延安精神为主线，以增强爱国情怀为重点，

◀中央大礼堂（中共七大会址）

以展览展出为平台，以各大时间节点为契机，采用“引进来、走出去、聚一起”的方式，针对青少年开展形式多样、内容丰富、主题鲜明的社会教育活动，影响广泛，成效显著。一是带领青少年在杨家岭开展“红色之旅”。与各院校开展红色之旅社会实践活动，让青少年到青委旧址寻找初心，在体验式学习中感悟红色精神、激发前行斗志。二是鼓励青少年参与杨家岭青年《红故事大家讲》线上诵读栏目。青少年通过诵读红色故事，让红色基因真正深入血液、浸入心扉。三是举办“学习雷锋精神 传承红色基因”“百年青年梦 奋斗强国路”“五四精神 传承有我”“建党百年 薪火相传”等系列主题宣教活动。引导青少年听党话、感党恩、跟党走，主动弘扬爱国精神，传承红色基因，践行社会主义核心价值观。四是开展“红领巾”讲解员活动。培养红领巾讲解员及广大青少年从小学党史、讲党史，爱党、爱国、爱家乡的情怀。五是走进各学校开展“红故事大家讲”进校园活动。通过讲故事、玩游戏、唱红歌、诗朗诵等方式，引导广大青少年扣好人生第一粒扣子，成长为德智体美劳全面发展的社会主义建设者和接班人。

清凉山革命旧址

清凉山革命旧址青少年红培教育营地位于延安市东北区，与凤凰山、宝塔山隔着延河而立。北宋范仲淹在登临清凉山时曾留下“金明阻西岭，清凉峙其东。延水正中出，一郡两雄城”的诗句。清凉山是中国新闻出版事业的摇篮，是国务院第六批重点文物保护单位，是全国爱国主义教育基地，被称为“中国红色新闻山”，2021年被确定为第四批陕西省中小学生研学实践教育基地。清凉山曾是新华通讯社、解放日报社、边区群众报社、中央出版发行部、中央印刷厂、中央造币厂、新华书店、陕北

▼清凉山革命旧址全景

▲清凉山革命旧址青少年教育营地窑洞体验区

公学、西北新华广播电台、俄文学校等所在地和肤施城遗址。

清凉山革命旧址青少年红培教育营地严格按照文物保护等相关文件精神，打造集“教育培训、实践体验、主题活动、红色文创、配套服务”为一体的红色法治教育基地、红色教育基地、红色研学基地、红色文创基地、红色体育体验基地。营地共设置了 13 个主题院落，整体规划为体验区和教学区两部分；体验区与教学区紧密结合，通过多种教学形式和主题系列活动，让学员身临其境地回顾红色新闻史，解密摩斯密码的奥妙，体验印刷出版的乐趣，唱响“红色新闻”时代主旋律，让红色基因代代相传！

营地有延安时期“新闻人”曾经工作、生活过的原生态窑洞，按照文物保护的要求，已完全恢复当年模样，可在窑洞内住宿体验。营地拥有可体验窑洞 90 孔，学生炕/床位数 350 个，有一次性可容纳 100 人的会议室（陕北公学大讲堂），配有 1000 平方米体验式餐厅（清凉山机关食堂），可同时接纳 200 人用餐，有“沉浸式”教学体验点 15 个。营地还配套有大型停车场、主题活动广场、红色体育拓展场地等。

枣园革命旧址

1937 年至 1947 年，延安一直是中共中央所在地和陕甘宁边区首府，带领中国人民取得了抗日战争和解放战争的伟大胜利，留下了非常丰富的红色资源。作为延安时期政治中心之一的枣园则是展示革命传统文化、传承红色基因和弘扬延安精神的重要革命旧址。

枣园革命旧址位于延安城西北 7.5 千米处，占地面积 80 亩，是中共中央书记处 1943 年 10 月至 1947

▼毛泽东旧居

年 3 月所在地。1943 年 10 月，中央书记处书记由杨家岭先后移住这里，继续领导了全党的整风运动和解放区的大生产运动，筹备了中国共产党第七次全国代表大会，实现了抗日民族战争向全国解放战争的历史转折，为粉碎国民党发动的“全面内战”进行了充分准备。

枣园革命旧址红色资源丰富，院内树木葱郁，绿草如茵，幸福渠横穿园林而过。园林中央坐落着中央书记处礼堂，依山分布着 5 座独立的院落，分别是毛泽东、朱德、周恩来、刘少奇、任弼时、张闻天、彭德怀、王稼祥等中央领导的旧居。1953 年，枣园革命旧址开展保护维修工程，1959 年正式对外开放。1961 年 3 月 4 日，被国务院公布为第一批全国重点文物保护单位，1997 年被中宣部命名为全国爱国主义教育示范基地。

历史成就了枣园，枣园见证了历史。党中央在枣园居住期间，制定和采取了一系列政策、决定，密切了党群关系、干群关系，推动了中国革命发展。中共中央书记处礼堂见证了赴重庆谈判的重要决定，以及为群众服务的干群关系、党群关系的转变；幸福渠见证了利为民所谋、情为民所系的执政理念；机要局保障了党中央和中央军委与各抗日战场和地下党组织之间的密码通信联系；作战室搜集的军事情报以及做出的作战指令，为中共中央和中央军委制定战略部署提供了依据；行政办公室保证了中央书记处日常行政事务的完成。可以说，枣园的一砖一瓦、一草一木都是文物，都是中国革命的见证，背后都有感人的革命故事。

枣园革命旧址对外开放以来，充分发挥自身优势，坚持“有效保护、合理利用、加强管理”的原则，把收藏保管、科学研究和宣传教育功能有机结合，形成了基本陈列、专题展览、宣教活动互为补充的宣教体系，从多角度、多侧面向广大观众展示中国共产党带领人民艰

◀中央书记处小礼堂

苦奋斗的伟大历程。同时，以开放的姿态，加强馆际交流，将传统革命红色文化传播到全国各地，让更多的人知晓，从而提升枣园革命旧址的影响力和知名度。

枣园革命旧址作为国家 AAAAA 级旅游景区、全国重点文物保护单位、全国爱国主义教育示范基地、延安精神教育基地、廉政教育示范基地，以完整的陈列、优美的环境、优质的服务、优良的秩序展现其独特的魅力。“少年强则国强、少年富则国富”，青少年是祖国的未来、民族的希望。在新时代，红色教育就是要教导青少年牢记历史，把红色文化作为宝贵的精神财富世世代代传承下去。

绥德县革命历史纪念馆

绥德县革命历史纪念馆由绥德师范旧址、359旅和绥德警备司令部旧址、绥德地委旧址组成。

绥德师范旧址位于县城疏属山上八角楼下，占地面积850平方米，位于绥德县实验中学校园内。绥德师范创建于1923年，原名陕西省立第四师范学校。1924年夏，革命先驱李子洲任校长，并在此创建了西北地区最早的中共党组织，建立武装力量，开展武装斗争。绥德师范师生积极投身其中，使学校成为西

▼绥德县革命历史纪念馆

北革命的活动中心。学校先后培养了马明方、刘澜涛、马文瑞等 50 多位高级干部，培养了著名作家柳青等杰出人才。校友齐心同志 2000 年 6 月 10 日为学校题词“西北革命策源地”，同年 7 月 15 日习仲勋同志题词赞誉学校为“革命英才的摇篮”。2021 年 8 月，绥德师范旧址正式对外开放。

359 旅和绥德警备司令部旧址是在原 359 旅绥德警备区旧址上建立起来的，占地面积 6500 平方米，展线长 100 米，展出图片 1076 张，文物 326 件，以主题雕塑、照壁浮雕形式及民主革命时期绥德著名人物、绥德警备区事迹、习仲勋与中共绥德地委、绥德籍烈士、抗大总校在绥德等内容板块展出，其中侧重展现 359 旅与王震将军在绥德的事迹。2011 年 10 月，359 旅和绥德警备司令部旧址正式建成对外开放。

绥德地委旧址位于绥德老城北街西北角明末清初道观九真观内，占地面积 1300 平方米，主要由广场雕塑、场景复原、专题呈现、文献展陈等四个板块组成，重点凸显革命教育、文化研究、历史传承三方面功能，全力打造绥德红色文化的重要承载地和传播地。作为当时中国革命党人的一个红色据点，中共绥德地委旧址见证了中国共产党在绥德境内的重大事件及重要活动，生动再现了曾经发生在绥德的革命史实。2014 年对绥德地委旧址原建筑启动复原性维修计划，2015 年 6 月开工进行复原性维修，2016 年 6 月主体修复竣工，同期启动布展大纲的撰写及革命文物的征集工作，2021 年 8 月正式对外开放。2021 年 9 月 14 日，习近平在绥德地委旧址仔细察看旧址布局和部分复原场景，参观有关专题展陈。习近平指出，回顾这段厚重的革命历史，老一辈革命家坚持“党的利益在第一位”，坚持“站在最大多数劳动人民的一面”，坚持“把屁股端端地坐在老百姓的这一面”，有着重大教育意义。

绥德县革命历史纪念馆充分发挥公益性服务功能和爱国主义教育

◀纪念馆内部展示

基地作用，每年接待游客约10万人次，其中中小学生约4000余人，社会团体约300个，还被许多学校确定为实践教育教学基地。2012年10月，榆林市关心下一代委员会授予纪念馆榆林市革命传统教育基地；2014年5月，团市委授予纪念馆榆林市青少年爱国主义教育基地；2015年10月，团省委授予纪念馆陕西省青少年教育基地；2016年3月16日，纪念馆被中共榆林市委、榆林市人民政府命名为榆林市爱国主义教育基地；2016年12月19日，纪念馆被列入全国红色旅游经典景区名录；2020年12月，荣获省级文明旅游景区称号。

小河会议旧址

小河乡位于陕西省榆林市靖边县东南部。1947 年毛泽东率中央机关转战陕北期间，曾两次在这里居住。第一次 6 月 9 日路过居住一天，第二次 6 月 16 日至 8 月 1 日撤离，共居住了 48 天，在此召开了重要的中共中央前委扩大会议，史称小河会议。

旧址从中华人民共和国成立到现在一直受到较好的保护。毛主席旧居 3 孔窑洞相对独立，周边没有新的建筑，基本保持了原来的面貌。司令部旧址院落于 2011 年维修，恢复东厢窑。院落大门恢复为面向西南开门，围墙为后期修建，院内的硬化路面为青砖铺地，轻微残损。正窑石质台基上铺设青砖，无残损。正窑墙面轻微风化。木质门窗保护完好。女儿墙为十字镂空花墙，保存完好。旧址西、北、东侧山坡

▶小河会议旧址全景

◀小河会议旧址广场全景

上有多处废弃或正在使用的居民窑洞，依山势分布。旧址西侧现为一排十多孔窑洞的纪念馆，纪念馆前修有广场，立有当年开会的雕塑。广场前河流已整治，北侧有石质防护栏。河岸北侧已进行简单绿化，修有凉亭和石铺小路。

小河会议使解放军从战略防御转入战略进攻，从而彻底改变了整个战争的态势，进一步丰富了靖边的近代历史。小河会议旧址是一处重要的爱国主义教育基地，体现了中华民族自强不息的奋斗精神和强烈的爱国主义情怀，起到了弘扬中华民族传统文化，增强民族自信心的作用。

小河会议旧址作为陕西省青少年爱国主义教育示范基地，把爱国主义教育放在首位，将举办好爱国主义教育活动视为每年工作的重中之重，将青少年系列教育活动作为核心工作。基地自建立以来，已累计培训青少年 9 万余名，为更好地宣传爱国主义精神和革命传统精神起到了积极推进作用。小河会议旧址为国家 AAA 级景区，荣获“榆林市文明单位”“青年文明号”“榆林市廉政教育基地”及各大中小学“德育基地”等光荣称号。

川陕革命根据地纪念馆

川陕革命根据地纪念馆是《2005—2010 年全国红色旅游发展规划纲要》的重点项目，始建于 1980 年，位于汉中市南郑县（今南郑区）汉山镇南大街，1990 年迁往南湖湖心岛，2006 年新建于红寺湖风景区，于 2011 年 3 月 25 日正式向社会全面免费开放。纪念馆占地 69.8 亩，由主展馆、爱国主义教育广场、革命英雄纪念碑和何挺颖烈士纪念广场共同组成，其中主展馆建筑面积 5240 平方米，展陈面积 4200 平方米。主展馆以“陕南红了半边天”为主题，分七个单元展示川陕革命根据地陕南苏区革命活动的部分实物

▼川陕革命根据地纪念馆外景

◀陕南红了半边天

和史料图片，较为系统地展现了川陕苏区革命活动的历史全貌。

1932年12月初，在鄂豫皖根据地浴血奋战的红四方面军为打破敌人围剿，向西艰苦转战三千余里，翻越秦岭来到汉中，渡过汉江进入巴山山麓，以雷霆万钧之势，在川陕之间很快打开局面。两年多时间里，红四方面军在极其艰苦的环境下，同川陕边区的党和人民一起，克服了重重困难，与国民党反动派四川军阀进行了艰苦卓绝的斗争，创建了面积达4.2万平方千米，拥有人口600余万的川陕革命根据地，在中国革命史上留下了光辉的一章。毛泽东在第二次全国苏维埃代表大会上讲话时称："川陕苏区是中华苏维埃共和国的第二个大区域，……在争取苏维埃新中国伟大战斗中具有非常巨大的作用和意义。"

川陕革命根据地纪念馆现已成为弘扬革命精神，开展爱国主义教育的陕南红色旅游中心。自2011年3月25日免费开放以来，纪念馆的教育功能日益强化，累计接待参观游客150余万人次，单日最高游客接待量超过4000人次。纪念馆是中国人民解放军火箭军理想信念教育基地，省级政治思想教育、党史教育、廉政教育、青少年教育基地，陕西省中华优秀传统文化传承基地和陕西省中小学生研学实践教育基

◀青少年走进纪念馆

地；2005 年被国家红办确定为全国百家红色旅游经典景区，2017 年被中宣部命名为全国爱国主义教育示范基地。

为全面落实立德树人的根本思想任务，着力提高青少年学生的社会责任感、爱国主义热情、创新精神和实践能力，川陕革命根据地纪念馆充分发挥自身优势，进行红色资源整合，将红色教育核心素养融入其中，构建可供学校、教师、学生、家庭共同参与的开放式课程体系，持续广泛开展青少年教育活动。开展青少年教育活动是进行革命传统教育的良好形式，是弘扬和培育民族精神的有效途径，是进行爱国主义教育的重要方式。利用好红色文化这个载体，让爱国主义精神在广大青少年心中牢牢扎根，使其培养爱国之情、砥砺强国之志、实践报国之行。

八路军东渡黄河出师抗日纪念园

全国青少年教育基地“八路军东渡黄河出师抗日纪念园”位于司马迁祠东南方黄河岸边的凤凰台上，总占地面积 36630 平方米。1995 年，为了纪念抗日战争和世界反法西斯战争胜利 50 周年，中国少年先锋队全国工作委员会、团中央《辅导员》杂志社和共青团陕西省委等单位倡导“红领巾黄河行动”，号召全国亿万少年省下零用钱踊跃捐建，并得到了老一辈革命家、有关领导（部门）和社会各界的大力支持。纪念园当年 5 月奠基，9 月建成，交由司马迁祠文管所管理。

纪念园由八路军东渡黄河出师抗日纪念碑和八路军东渡黄河出师抗日展厅两部分组成，是陕西省第五批重点文物保护单位。1996 年 9 月纪念园被评为陕西省爱国主义教育基地，2006 年 6 月被评为韩城市

◀八路军东渡黄河出师抗日纪念碑

社会主义核心价值观教育基地，2016 年 2 月被评为火箭军理想信念教育基地，2019 年被评为陕西省青少年教育基地、全国青少年教育基地。

近年来，越来越多的单位机构、民间组织、学校以及个人以不忘初心、牢记使命为学习目标，到纪念园参观学习，践行社会主义核心价值观。园区通过各种形式积极开展各类党性、红色教育、廉政教育、“留守儿童”关爱等活动，自 2021 年以来，相继接待机关党员干部、企业员工、学校师生等 3000 余人接受爱国主义教育，接待入党积极分子 20 余批次 2000 余人参观学习。每年五四青年节、七一建党节、国庆节等重要时间节点，各基层团组织都会在园区开展入团仪式、主题团课、研学等红色教育活动，以此来进一步引导团员青年学习党的光辉历史，宣传红色革命文化。

八路军东渡黄河出师抗日纪念园将持续深度挖掘红色文化内涵，进一步完善东渡抗战实物展厅；提升青少年教育基地知名度、影响力，努力打造为国家级爱国主义教育基地。在接下来的接待中，纪念园会以更优质的服务和更专业的态度迎接每一位到访者，充分发挥全国青少年教育基地的思想引领作用，引导全市各基层团、队组织在教育基地积极开展各类团、队活动，让全市共青团员、少先队员学习革命历史，接受爱国主义红色革命教育。

第二章

传统文化篇

秦始皇帝陵博物院

秦始皇帝陵博物院位于西安市以东 35 千米处的骊山脚下。它是以秦始皇兵马俑博物馆为基础，以秦始皇陵国家考古遗址公园为依托的一座历史遗址类专题博物馆。1974 年 3 月，秦兵马俑被发现。1979 年 10 月 1 日，秦始皇兵马俑博物馆建成开放，以一、二、三号兵马俑坑为主要展示内容。2009 年 2 月 11 日，秦始皇帝陵博物院成立。2010 年 10 月 1 日，秦始皇陵国家考古遗址公园对外开放，以秦陵封土、

▼秦始皇兵马俑博物馆

◀兵马俑

9901 陪葬坑、0006 陪葬坑、铜车马博物馆展示为主要内容，是一处兼具教育、考古、文保、科研、休闲为一体的公共文化空间。

秦兵马俑自被发现起，就成为世人瞩目的焦点，被誉为“20 世纪考古史上的伟大发现”“世界第八大奇迹”。秦始皇兵马俑博物馆展出的三座兵马俑坑占地面积 2 万平方米，埋藏有与真人真马一般高大的陶俑陶马近 8000 件、战车百余乘、兵器数 10 万件。兵马俑坑恢宏的气势、精细的雕塑，栩栩如生地再现了秦代军事、科技、艺术等多方面的成就。秦陵彩绘铜车马系驾关系完整、制作工艺高超、造型逼真、装饰华美，是研究古代车制的实物模型，被誉为“青铜之冠”。秦始皇陵国家考古遗址公园占地面积 2.26 平方千米，全面展示了秦始皇陵园的形制。

秦始皇帝陵博物院占地面积 272.7 万平方米，建筑面积 8.7 万平方米，展陈面积 5.8 万平方米。馆藏文物数量 6284 件（套），国家一级文物数量 992 件（套）。1997 年被中宣部命名为首批全国爱国主义教育示范基地。

近年来，博物院每年接待爱国主义教育学生团体预约参观 10 万人次，接待未成年人近 20 万人次，先后与 200 余所大中小学签订爱国主义教育基地、中国传统文化教育基地、口语教学基地和大学生校外实习基地等协议。为了让馆藏文物更好地为社会大众服务，博物院借助世界文化遗产的巨大影响力，深入挖掘研究秦俑、秦文化内涵，不断拓展博物院社会教育工作的内容和范围，目前已策划 12 大类教育活动 33 个子项目，形成“欢乐博物馆”“秦陵移动课堂”“优秀历史文化进校园”“秦兵马俑远程教育课堂”等品牌项目。

博物院聚焦“创建世界一流文化博物馆、国际一流旅游目的地”的发展目标，为讲好陕西故事、传播中国声音、提升中华文化国际影响力而不断努力。

汉景帝阳陵博物院

汉景帝阳陵博物院是依托西汉第四位皇帝景帝刘启及其皇后合葬的阳陵陵园而建立的一座遗址博物馆。现为国家一级博物馆、国家考古遗址公园、国家AAAA级景区。

汉景帝阳陵博物院于1999年建成开馆，设有考古陈列馆、帝陵外藏坑遗址保护展示厅、南阙门遗址保护展示厅、宗庙遗址四个基本陈列，遗址公园面积20平方千米，展览面积18297平方米。院藏文物类

▼汉景帝阳陵博物院

型丰富，有陶器、青铜器、玉器、金银器等，全面反映了“文景之治”背景下汉代人的衣食住行和丧葬文化，是进行汉文化主题教育的最佳场所。院藏文物共计 4885 组，其中一级文物 244 件，二级文物 427 件。年游客接待量约 40 万人次，其中未成年人 5 万人次。汉景帝阳陵博物院以汉代文化为载体，本着服务青少年，传承传统文化的宗旨，设计和开创了多种形式的教育活动，使更多的青少年学生了解传统文化、丰富自身内涵，同时强化博物馆在构建学生校外社会课堂、普及科学知识等方面的独特作用，进一步激发青少年学生保护祖国文化遗产、传承华夏文明的热情。

汉景帝阳陵博物院作为迄今发现保存最为完整的汉代帝陵陵园，有丰富的文物资源与有力的文化支撑，因此利用自身优势，以汉代历史文化知识为载体，设计并策划了一系列具有特色的教育活动、校本教材以及书籍教具，等等。博物院拍摄完成了适合青少年观看的“带你去考古”和“穿汉服 学汉礼”两部视频教学片，这两部视频教学片是结合汉阳陵教育项目“模拟考古”和“穿汉服 学汉礼”所拍摄的。两部教学片采用讲解员“姗姗”讲解、专家模拟示范、小朋友亲自体

◀穿汉服 学汉礼

验的形式，结合多种电视语言和拍摄方法，在风趣幽默、生动活泼的氛围中使小朋友轻松、愉悦地领略中华文明的博大精深，了解掌握考古知识，学习中华礼仪。目前两部视频教学片已加载在汉阳陵博物院官方网站和 App 导览系统中，观众可随时下载或在线观看。

目前，汉阳陵博物院编辑出版的适合青少年阅读的图书出版物有“漫游汉阳陵”系列漫画丛书一套五本以及《阳陵百问》《带你走进博物馆：汉阳陵博物院》。汉阳陵博物院的教育活动遵循以考古遗址公园为依托，以汉文化为核心，以馆藏文物为主线，以服务社会为宗旨的原则，注重科学性、文化性、艺术性和趣味性，根据举办地点的不同分为“走出去、请进来和线上教育课程”三大类，为传播中华优秀传统文化贡献博物馆人的力量。

西安碑林博物馆

西安碑林博物馆坐落于陕西省西安市碑林区三学街 15 号，是在具有 930 多年历史的“西安碑林”基础上，利用西安孔庙古建筑群扩建而成的一座以收藏、研究和陈列历代碑石、墓志及石刻造像为主的专题性艺术博物馆。博物馆现有大型碑室 7 座，石刻艺术馆 2 座，碑廊 8 座，碑亭 8 座，馆藏文物一万余件，国宝级文物 19 组 134 件，被誉为东方文化宝库、

▼ 西安碑林博物馆

书法艺术渊薮、汉唐石刻殿堂，是传承弘扬中华优秀传统文化的重要场所。1961 年，被国务院列为全国第一批重点文物保护单位，是国家一级博物馆，国家 AAAAA 级旅游景区。

西安碑林博物馆的书法、儒学等是中华民族的文化瑰宝，是人类文明的宝贵财富。博物馆积极贯彻落实国家相关政策，充分发挥藏品优势，有效利用书法碑刻、儒学经典等文化元素，开展内容丰富的教育活动；同时不断完善教育内容，研发汉字书法、儒学经典、碑拓研习、传统科技、中华礼仪、节庆节气等方面的教育课程，做好青少年教育工作。

西安碑林博物馆加强馆校合作，搭建教育平台，积极开展教育教学实践活动。先后与高新一中、交大

▼博物馆内部展厅

附中、雁塔路小学、高新六小等十多所中小学共建教育基地，通过“走进西安碑林 体验书法魅力”系列课程让青少年了解汉字演变，认识不同书体，提高书写能力，培养书法情结；通过西安孔庙传统文化系列课程让青少年体验中华传统礼仪，吟诵国学经典篇章，了解中华传统节庆，增加传统文化知识，弘扬爱国主义精神；通过“碑拓墨韵 纸上记忆”系列课程让青少年学习拓印知识与方法，探究与传承传统技艺。此外，博物馆组织开展丰富多元的教育活动，如青少年碑帖临书展、“唐诗回家”吟诵经典活动，以及“开笔礼”“尊师礼”“祭孔礼”等儒学传统文化活动，增强青少年对中华优秀传统文化的认知和理解，以提升文化自信和民族自豪感。疫情形势下，博物馆推出十三个单元百余节线上教育课程，让青少年以更加便捷的方式深入了解博物馆，学习文物知识，使中华优秀传统文化在传承中大放异彩、薪火永续。

西安碑林博物馆还与大中专院校开展合作共建，通过实习实训、志愿服务等形式为大学生搭建教学实习与社会实践的平台，每年来馆参与实习实训的学生有数百人，大学生志愿者为游客提供志愿服务五千小时以上。

中国古琴博物馆

中国古琴相传由上古时期的伏羲、神农等创制，为五弦琴，分别对应宫、商、角、徵、羽五音。至周代，文王、武王分别增加“文弦”和“武弦”，“文武七弦琴”形制才得以定制，并一直流传到现代。唐代中期以前，一直使用文字记录的方式记载琴谱，称之为文字谱，其“动越两行，未成一句”，繁杂冗长，不便于流传。唐代长安琴家曹柔在文字谱基础上简化组合创造减字谱记谱法，简单明了，一直流传至今而不被西洋乐的记谱方式所替代，是中国音乐谱中的活化石。

中国古琴博物馆是全国唯一的一家在文物行政部门备案成立的古琴专题博物馆，是陕西省级非物质文化遗产项目“古法斫琴”和西安市级非物质文化遗产项目“秦派古琴艺术”专业保护、研究和展览单位。

▶ 博物馆主楼外观

博物馆现有展览建筑三栋，馆藏文物1000余件，其中一、二级文物300余件，内设“源起长安”“天下谁人不识君”“秦派百年”“左琴右书”“古法斫琴”“浩瀚典籍”“百琴堂”等展示单元，另有省级技能大师工作室一个，驻馆非物质文化遗产代表性传承人三人，提供古琴艺术教学、古琴鉴赏音乐会、非遗长安道家养生茶艺体验等服务内容。

中国古琴博物馆研学主旨思想为感受传统，体验经典：用传统雕版印刷古琴谱、演奏古琴、吟唱古诗。学员可在一天的时间内参观古琴博物馆展览，了解中国最优秀的传统艺术古琴，然后在省级非物质文化遗产老师的带领下，亲手印刷一张属于自己的雕版琴谱；在非遗古琴老师的指导下，学习古琴演奏艺术，将印刷在谱上的传统古琴曲演奏出来，并配合古诗词与古琴一起吟唱，学会演奏简单的古琴音乐和传统吟唱艺术。长安养生茶艺是唯一发源于北方的传统茶艺，学员可在非遗传承人老师的讲授下了解中国茶艺，掌握长安道家养生茶艺的冲泡方法、技艺特点，在老师的示范下进行冲泡，研习结束后还可获得小小茶艺师名誉称号。金石艺术是中国传统艺术中很重要的部分。研学青少年在老师的带领下，了解金石艺术的美学思想，掌握拓片的制作技艺，动手为自己制作一张金石拓片艺术品带回家。

西汉御史大夫张汤墓遗址陈列馆

2002 年 5 月，西安市文物保护考古所在西北政法大学长安校区内进行考古发掘，清理发掘出战国、秦、汉、唐墓葬 88 座，其中属西汉张汤墓价值最高。

张汤，西汉杜陵人。据《汉书·张汤传》记载，张汤自幼喜爱法律，起于书吏，曾担任长安吏、内史掾和茂陵尉、侍御史，后升迁为廷尉、御史大夫，位列三公，是中国古代著名的酷吏，但也以廉洁著称。张汤修汉律，审“陈皇后巫蛊案”“二王谋反案”，主

▼ 西汉御史大夫张汤墓遗址陈列馆

张用法严峻，助武帝推行盐铁专卖，打击富商，剪除豪强，颇受武帝宠信。后因御史中丞李文及丞相长史朱买臣构陷，被迫自杀。张汤死后家产不足五百金，皆得自俸禄及皇帝赏赐。张汤虽用法严酷，但他为官清廉俭朴，不失为古代廉吏，为西汉王朝做出了重要贡献。

张汤墓位于西北政法大学长安校区体育办公楼基槽西北部，墓为长斜坡墓道土洞式，坐东朝西，略偏东北向。平面大致呈“甲”字形，由墓道、甬道、墓室三部分组成。此墓虽然已被盗扰，但出土了特点较为明显的西汉中期星云纹铜镜和武帝五铢钱等文物，以及两枚精致的双面穿带印，一枚印文为“张汤、臣汤”，一枚为“张汤、张君信印”，印面径为1.8厘米，即汉人所说的“方寸之印”。根据出土器物、墓葬形

▼西汉御史大夫张汤墓遗址陈列馆外景

制及两枚信印，考古工作者确定此墓葬为西汉中期著名法治人物张汤墓葬。此外，墓中随葬品多为日常生活中的小件，未见汉墓常见的陶器和其他贵重器物，也与《汉书·张汤传》中“汤死，家产直不过五百金，皆所得奉赐，无它赢”的记载相符。

张汤虽是酷吏，却也留给我们为政清廉、执法严格的精神遗产。张汤墓坐落在校园中，为西法大人树立了一个廉洁奉公的文化标识。正如西北政法大学原校长贾宇教授所言：“政事兴亡，惟廉弥珍；刑忌苛酷，罚贵公允；国家强盛，教育为本；让我辈法律人才勠力同心，共促国家法治昌明！”

西汉御史大夫张汤墓遗址陈列馆已列为陕西省青少年教育基地、西北政法大学传统法律文化教育基地、西北政法大学廉洁文化教育基地。近年来参观人数大幅增长，既有来校领导、嘉宾、访校校友，也有市、区辖内青少年。陈列馆承担每年对新生的校史校情教育，也承担省内部分法律院校学生教学实践活动。

扁鹊纪念馆

扁鹊纪念馆是为了纪念中国古代伟大的医祖扁鹊和弘扬祖国源远流长的中医药文化而建立的，修建在原扁鹊墓的遗址之上。根据《陕西通志》《临潼县志》记载，扁鹊墓在西安市临潼区东北 15 千米处的南陈村，数千年来，墓址得到了当地人的守护而保存至今。

临潼县政府 1983 年开始修复扁鹊墓，筹建扁鹊文管所。同年 10 月，临潼县政府公布扁鹊墓为市（县）级文物保护单位并对墓冢进行维修。1984 年，

▼扁鹊纪念馆

东周秦越人扁鹊墓文管所成立，1991 年更名临潼县扁鹊纪念馆。1992 年 4 月，陕西省人民政府公布扁鹊墓为省级文物保护单位。1997 年临潼县扁鹊纪念馆更名为西安市临潼区扁鹊纪念馆。按照省市文物部门的要求，扁鹊纪念馆于 2010 年 3 月 31 日正式免费对外开放。

扁鹊墓的保护开发，对于保护文物古迹，振兴中华医学，促进物质文明和精神文明建设有着巨大的现实教育意义和深远历史意义。凭借丰富的中医药文化内涵，扁鹊纪念馆先后被评为陕西省青少年教育基地、陕西省中医药文化宣传教育基地、西安市市民终身学习体验基地、西安市青少年教育基地。

扁鹊纪念馆原馆占地面积约 0.86 万余平方米，建

▼纪念馆内部展示

筑面积 310 平方米，由神医殿和扁鹊墓组成。2005 年引资对扁鹊纪念馆实施扩建，现占地面积约 2.3 万余平方米，建筑面积 4140 平方米，建成后的新馆宏伟大气，院落宽阔，布局规整，花草青柏环绕，是一座集中医药保健旅游为一体的环境优美的园林化纪念馆。纪念馆现有陈列展厅四个：神医殿、中国古代医史展厅、古代十大神医展厅及扁鹊堂。陈列展厅建筑以南北为轴、东西为辅，由南至北，分布有序，东西配殿与主建筑相互衬托浑然一体，构成了突出中医药特点的“中”字精妙布局。

纪念馆致力于充分发挥公众教育职能，采取了形式多样的宣传推介方式，借助抖音、微信公众号、微博等新媒体，做好了新时代全方位的宣传工作。利用文化遗产宣传月、国际博物馆纪念日，开展了一系列以“传统文化之文明礼仪”“中医药文化宣传”“中医养生”为主题的宣讲活动。为切实做好青少年教育工作，纪念馆通过展厅改造、完善优化讲解词、突出活动主题、提升服务水平等方式，为青少年提供了更加优质的服务，激发了青少年的好奇心和求知欲。今后，扁鹊纪念馆将不忘初心，不断追赶超越，持续充分发挥博物馆阵地教育职能，持续提升纪念馆的知名度，推进中医药文化传承发扬之路越走越好。

大唐秦王陵

宝鸡大唐秦王陵博物馆位于陕西省宝鸡市北坡公园顶端，距宝鸡火车站仅 3.5 千米。内有唐末秦王李茂贞（856—924）及夫人合葬王陵，全国罕见的帝后地下宫殿两座，系我国唯一开掘的一座唐代合葬王陵。2001 年开始发掘，2003 年 5 月 1 日正式对外开放，2006 年被评为国家 AAA 级旅游景区，2013 年被国务院列入全国重点文物保护单位。

秦王陵原占地面积 200 多亩，现开发面积 80 余

▼大唐秦王陵

◀大唐秦王陵神道

亩，由山门、神道、献殿、祀殿和两座同茔不同穴的地宫、天象图、石展台以及李茂贞生平展、大唐秦王陵出土文物展厅组成。在 150 米长的神道上，有按皇帝出行宫廷仪仗排列的唐代石雕 15 组 34 尊。在两座分别长 120 米、深 20 米的地宫中，出土有高 8 米宽 4 米，用青砖仿木雕刻的地下飞檐古建端楼，此端楼保存完整，气势恢宏，为全国之唯一，为世界之罕有；有用青砖砌墙并券的八边形穹窿顶；有栩栩如生的墓道两侧 18 幅乐伎图；有唐代珍贵的胡人马乐俑、三彩陶马俑；有精美的砖雕“十二生肖图”“八人抬轿图”；有按北斗七星位置挑开青砖形成的勺状“地面天象图”；还有带有神秘色彩的千年石函、墓志铭无字碑盖，等等，均为稀世珍宝。

据法门寺《大唐秦王重修法门寺塔庙记》碑文记载，845 年，法门寺遭遇“会昌法难”几经颓废。李茂贞从 901 年至 922 年间，修寺宇、建法舍、铸铜炉、修佛塔等，使法门寺恢复了皇家寺院的兴旺。中央电视台十套科教频道《探索发现》栏目分别在 2009 年和 2013 年两次来大唐秦王陵博物馆拍摄《谁是秦王》《五代秦王陵发掘记》专题片，在央视十套数次播出，使大唐秦王陵影响力得到了很大提高。

博物馆内设有研学活动大厅三个，使用面积1200平米，并聘请4名兼职辅导老师（一名在社科联工作，辅导历史民俗文化等内容，另三名为旅游礼仪老师、民俗工艺制作大师、书法家），有重大活动时到场辅导学生并协调组织培训活动。教学场地由两座唯一发掘的唐末五代时期同茔不同穴的地宫、两个展厅（一个是秦王李茂贞生平展厅，针对小学生人群以连环画形式展示秦王李茂贞的生平大事、功过是非；另一个是秦王陵出土文物展厅）组成，展出200件地宫出土瓷器、铁器、陶器等文物，并有地宫模型，可供学生参观、教学使用。在地宫及展厅中，学生们展开互动，在参观过程中或提问或交流或记录或摄影，并结合研学讲解词，能学习到很多关于唐末五代时期的历史知识，真切感受到唐朝文化的熏陶。这样的研学活动不仅使课堂教学深化和延伸，更提高了学生的适应能力，促进其综合素质的发展。

大唐秦王陵博物馆将在今后的青少年教育工作中，开发和创新博物馆参观和教育模式，合理利用各种新形式，把大唐秦王陵博物馆唐末五代时期的文化、建筑、绘画、书法、砖雕、音乐等文化艺术，以现场展示、表演等方式展现出来，寓教于学，发挥自己独有的教学实践特色，为宝鸡及周边青少年教育做好服务接待。

宝鸡青铜器博物院

宝鸡青铜器博物院坐落在宝鸡市风景秀美的中华石鼓园内，依山傍水，南依巍巍秦岭，北临滔滔渭水，建筑面积3.48万平方米，馆藏文物47万件组，尤以商周青铜器著称，于2010年9月28日对外免费开放，是一座以集中收藏、研究和展示青铜器为主的国家一级博物馆。博物院外形气势恢宏，厚重威严，运用了高台门阙、青铜厚土的建筑语言，寓意宝鸡不断有青铜瑰宝出土的壮观场面。

▼宝鸡青铜器博物院全景

目前，博物院设有基本陈列“青铜铸文明”和常设专题陈列“对镜贴花黄——古代铜镜与时尚生活展”“陶语诉春秋——古代陶瓷与文化生活展”“明月照琼琚——古代玉器与艺术生活展”，其中有国家一级文物：何尊、逨盘、秦公镈等青铜重器，有的浑厚凝重，气势磅礴；有的工艺高超，精美绝伦；有的则以铭文见长，历史研究价值极高。博物院将丰富多彩的历代文物和独具匠心的展览手法相结合，充分运用现代科技手段，将实物展陈、多媒体展示、场景复原等有机结合，多层次、多角度地展示了宝鸡灿烂的周秦文明，使人们从中得到历史的启迪和艺术的享受。

博大精深的周秦文化，精美绝伦的出土文物，秀丽宜人的园林风光，精益求精的优质服务，使宝鸡青

▼博物馆内部展厅

铜器博物院日益成为传播中华民族优秀传统文化的重要窗口，吸引八方游客徜徉于周秦文明的历史长河之中。目前，博物院累计接待游客1100多万人次，先后被评为陕西省青少年教育基地、陕西省爱国主义教育基地、陕西省社会科学普及基地、陕西省中华优秀传统文化传承基地、港澳青少年游学基地等，受到海内外游客的广泛好评。

博物院依托丰富的馆藏文物和厚重的周秦文化资源，让历史文物活起来，以三贴近为原则，“关爱青少年，服务青少年健康成长”为宗旨，大力发掘本土传统文化，倾心打造了“青铜乐坊欢乐行”“我们的节日”“周秦文化大讲堂”“周礼课堂”“流动博物馆进乡村”“小小讲解员”“文物里的科技”等七大品牌社教项目，通过观摩、互动、体验等多种形式，集科学性、艺术性、趣味性为一体，引导青少年传承中华优秀传统文化，不断增强青少年的文化自信和爱国情怀，培养担当民族复兴大任的时代新人。

张载祠

张载祠位于宝鸡市眉县县城东 23 千米处横渠镇，东距西安城 110 千米，西距宝鸡 50 千米。南依太白山国家森林公园，北临佛教圣地法门寺，东与道教源地楼观台相连，西与关中名胜诸葛亮庙毗邻，所处位置交通便利。

张载祠是我国北宋著名的思想家、哲学家、教育家、关学创始人张载的讲学之地。张载祠前身为“崇寿院”，现占地 17 亩，为省级重点文物保护单位。张载少年时在此读书，晚年隐居后一直兴馆设教于此。自宋至今，张载祠曾修复过 14 次，现已基本形成规模。元元贞元年（1295 年），张载祠开始在原横渠书院旧址上修建，历史上一直呈“后祠堂前书院”格局。

◀张载雕像

张载祠（横渠书院）祠内现有山门、展览室、大殿、正蒙殿、横渠讲堂、碑亭等仿明清建筑物，以及镇馆之宝康熙皇帝御赐的“学达性天”牌匾。长达 100 米的碑廊内存有北宋以来苏轼、王杰、于右任等文人墨客留下的石碑 50 余通，康熙皇帝等历代名人牌匾 30 幅。两个展厅详细记述了张载的忧国忧民、胸怀大志和关学思想之精华。北宋时期遗存的 5 棵千年古柏是张载祠的历史见证，其中张载亲手所植的古柏高 9.3 米，树形奇特，枝干盘若蛟龙，被国家林业局定为中华名树。

张载创立的关学影响深远，在中国哲学史上树起了一座高大的丰碑。他的唯物主义哲学比西方的还早 500 年，在宋、元、明、清长达八百年的儒家思想和四大理学派（关、洛、濂、闽）中具有重要的历史地位，他把古代朴素唯物主义哲学推向一个新的阶段。张载重实践、重创造、重自然科学、重素质教育，影响着一代代士人学子，在国际国内影响深远。近年来，法、德、日、韩、美、新、马、泰等国的不少专家学者，不远万里，慕名前来张载祠谒拜先哲，访真求学。1999 年至 2018 年，六次盛况空前的张载关学及实学国际学术研讨会在张载祠隆重召开。如今，张载祠已成为中国传统文化研究中心，陕西关中著名的人文旅游胜地。

咸阳博物院

咸阳博物院位于陕西省咸阳市渭城区中山街中段，创建于 1962 年，是国家二级博物馆，全国第二批免费开放单位，包括文庙博物馆和古渡遗址博物馆。文庙博物馆馆址系明洪武四年（1371 年）所建文庙。1962 年，咸阳博物馆在文庙旧址上创建，2015 年更名为咸阳博物院，主体建筑由牌楼、前殿、正殿、后殿等组成，保存完整，气势恢宏。古渡遗址博

▼咸阳博物院文庙外景

物馆依托明清古渡遗址而建，展出的文物大约130件（组），时代上起汉唐，下至民国。两馆每年接待中外游客几十万人次，是咸阳市重要的精神文明窗口和爱国主义教育阵地。

咸阳文庙现存大部分为明代建筑，坐北面南，共有四进院落，平面呈曲尺形，主要建筑有牌楼、一殿、东西两庑、大成殿、三殿、小牌楼、偏院正殿等。大成殿及东西两庑为原文庙建筑，大门牌楼为明代咸阳城隍庙建筑，一殿、三殿、偏院正殿等是由其他古建筑先后迁建于此。咸阳文庙古建筑布局紧凑，主体建筑沉稳、阔大，保存了明代早期风格。咸阳文庙古建筑群集中国古代哲学、力学、艺术思想于一体，巧妙地将时间、空间有机结合；在强调中轴线而

▼咸阳博物院古渡遗址博物馆内景

形成三进院落的基础上，又因地制宜，别置第四进院落，形成自己独有的特色。

古渡遗址博物馆依托明清古渡遗址而建，通过文物展示及场景复原着重反映古渡口民众的生活面貌和民风民俗。咸阳古渡号称“秦中第一大渡”，历经了两千多年的岁月沧桑，明、清时期的古渡故址依然可寻。遗址区发掘之后能够看到明代河堤、清代河堤及民国时渡船泊位，另外还有拴船的铁环等遗迹遗物。

咸阳博物院建馆以来，被授予陕西省青少年教育基地，并多次被共青团陕西省委评为“优秀爱国主义教育基地”。咸阳博物院针对青少年教育专门制定了详细周密的《爱国主义教育计划》《未成年人思想道德建设工作计划》《爱国主义教育规划纲要》等，将爱国主义教育和青少年思想道德建设工作分阶段分步骤、持续有效地开展，将教育活动制度化、规范化。为了达到更好的宣教效果，将文物资源与青少年思想道德建设及爱国主义教育的主题相结合，专门组织专家撰写针对性强、易于青少年理解的讲解词。另外，在讲解形式和宣教方式上，博物院也做了一些积极的探索，如开展历史知识讲座、流动课堂等互动活动。

茂陵博物馆

茂陵是西汉第五位皇帝汉武帝刘彻的陵园，于建元二年（公元前 139 年）开始修建，直至后元二年（公元前 87 年）武帝入葬为止，营建时间长达 53 年，是西汉诸陵中修建时间最长、规模最大的一座帝王陵墓。

茂陵博物馆地处汉武帝茂陵陪葬墓之一的霍去病墓前，位于陕西省兴平市东北 9 千米处的五陵塬上，距西安约 40 千米，是以汉武帝茂陵、霍去病墓及大型石刻群为依托的西汉断代史博物馆。

▼茂陵全景

目前，茂陵博物馆已初具规模，占地面积由初建文管所时的3600平方米发展为49.2万平方米，建筑面积由当初的240平方米发展至1.61万平方米，主要建筑物有仿古朱雀门一座、仿古陈列室三座、石雕廊坊（亭）六座、文物库房一座、仿汉双檐景观亭三座、览胜亭一座。此外，还有琳池、编钟展演厅、茂陵汉宫等。开放区域有汉武帝帝陵陵园、霍去病墓园、金日磾墓园、卫青墓园。文物陈列有“西汉出土文物菁华展”“汉茂陵历史文化菁华展”“霍去病墓石刻陈列展”“霍去病生平事迹展”“汉武帝故事造像展”等，陈列面积达2370.42平方米。如今的茂陵博物馆已发展成一座集文物、园林、仿古建筑群为一体的西汉断代史博物馆。多年来，全体职工锐意改革，求实进取，先后荣获全国首批精神文明建设工作先进单位、全国文博系统先进单位、国家AAAA级旅游景区等各级荣誉260余项。

茂陵博物馆现拥有各类文物藏品5240件(组)，以西汉大型石雕和汉茂陵周围零散征集的汉代文物为主要收藏内容。其中，一级藏品69件（国宝14件，占咸阳市国宝总数的70%），二级藏品53件，三级藏

◀石刻廊坊

品 577 件。展出藏品 260 件（组），尤以再现西域天马雄姿的鎏金马、构思巧妙的四神纹玉雕铺首、气势磅礴的霍去病墓石雕以及刻有“阳信家”款识的铭文铜器等珍品举世瞩目。茂陵博物馆充分发挥茂陵文物资源优势，有计划地参与陕西省文物局主办的文物外展活动，曾赴英国、罗马尼亚、日本、摩纳哥等 20 多个国家展出，发挥出“外交使者”作用。

茂陵博物馆还担负着爱国主义教育、国防教育、青少年教育、科普教育、红领巾实践教育、关心下一代爱国主义教育的六重教育重任。从 2016 年起茂陵博物馆成立了宣讲团，每年深入校园开展“优秀历史文化进校园”活动，宣传文化遗产及文物保护知识；开展研学之旅，充分发挥博物馆就是一所大学校的作用来开展青少年教育工作。

昭陵博物馆

昭陵博物馆位于陕西省礼泉县烟霞镇，它是在昭陵陪葬墓李勣（徐懋功）墓的基础上建立的一座唐代历史专题博物馆，西距礼泉县城 15 千米，北距昭陵陵山 13 千米。昭陵博物馆始建于 1972 年，前身为昭陵文物管理所，1978 年升格为昭陵博物馆，并正式对外开放，2009 年 5 月被国家文物局评定为国家二级博物馆，2022 年 2 月被陕西省文化和旅游厅评定为国家 AAAA 级旅游景区。

1975 年至今，考古工作者先后发掘清理了近 40 座陪葬墓，出土了大量的陶器、碑石墓志、唐墓壁画，这些文物具有极高的历史价值、艺术价值和科学研究价值，是研究唐代政治、经济、文化、军事的重要实物资料。昭陵博物馆占地面积 30 亩，建筑面积 4500 平方米，展出

◀昭陵博物馆大门

面积 2000 平方米。博物馆建筑为我国古典式轴对称仿唐古建筑，馆藏文物 4550 件（组），主要以初唐时期陪葬的彩绘釉陶俑、唐三彩、唐墓壁画、碑石、墓志为主。

博物馆现有陈列室四座，即昭陵文物精华陈列室、昭陵唐墓壁画展陈列室及两座昭陵碑石陈列室（即昭陵碑林），共展示昭陵陵园近 40 座陪葬墓出土的精品文物 400 余件（组）。昭陵文物精华陈列室展示着昭陵独有的瓷胎彩绘釉陶俑 200 余件，这些陶俑集绘画与雕塑艺术于一身，以高贵典雅、栩栩如生的造型赢得了中外专家学者的喜爱。昭陵碑林集中展示陪葬墓前的墓碑及出土的墓志近百件，可谓“撰、书皆名流，文、字俱佳品”，与西安碑林、山东曲阜碑林并称中国三大碑林。昭陵唐墓壁画陈列室展示昭陵陪葬墓出土的壁画 88 幅，有婀娜多姿的侍女、翩翩起舞的乐伎、神态各异的给使，还有贵夫人乘牛车出行的场面等。昭陵陪葬墓出土的这些文物珍品，从不同的侧面生动形象地再现了唐代政治、外交、军事和文化活动，是大唐从“贞观之治”走向“开元盛世”不可多得的实物见证。

博物馆作为陕西省青少年教育基地、陕西省博物馆教育联盟会员单位，一直重视青少年爱国主义教育工作，采用“请进来，走出去”、专题讲座、微信公众号推文等活动形式开展宣传教育活动，长期与驻地学校建立合作关系，派遣宣讲团多次深入学校宣传、讲解，以使博物馆爱国主义教育深入校园。

耀州窑博物馆

耀州窑是我国古代北方著名的青瓷窑，宋代“六大窑系”之一，位于现在的陕西铜川（古称同官），因宋代隶属耀州，故名耀州窑。它以黄堡镇为中心窑场，沿漆水河两岸分布，南北长约 5 千米，东西宽约 2 千米，史称“十里窑场”。广义上的耀州窑还应包括周边的立地坡、上店、陈炉、塔坡、玉华等窑场。

▼耀州窑博物馆

耀州窑创烧于唐，五代发展，宋代鼎盛，金代续烧，元以后制瓷中心转移至陈炉镇。黄堡窑场停烧于明代中叶，而陈炉窑场至今炉火赓续无熄，其烧瓷历史长达1400余年，在中国陶瓷史上写下了无比辉煌的灿烂篇章。“巧如范金，精比琢玉”，享誉中外的宋代耀州青瓷，从黄堡镇走入宫廷，畅销大江南北，并通过陆上“丝绸之路”及海上“陶瓷之路”远销域外，一度成为国内窑业翘楚。

耀州窑博物馆位于古耀州窑“十里窑场”之上，1994年5月建成开放，占地面积46000平方米，陈列展览面积约6000平方米，为国家二级博物馆，国家AAA级旅游景区，是中国古陶瓷文化旅游的典型代表。馆内展出耀州窑各时代珍贵文物、作坊用具、窑

▼博物馆内部展示

具 1000 多件，全面展示了耀州窑的发展脉络及其辉煌的历史、文化、艺术成就。耀州窑遗址向世人呈现了耀州窑宏大的陶瓷烧制场面，1988 年被公布为第三批全国重点文物保护单位，2001 年被评为“20 世纪中国 100 项考古重大发现”之一和“陕西十大考古发现”之一，2006 年被列为“十一五”期间“全国 100 处国家重点大遗址保护专项”之一，是目前全国保存最完好、时代序列性最强、文化内涵极其丰富的一处古瓷窑遗址，在国内外具有重要的影响。

耀州窑博物馆在展览中模拟“十里窑场”盛况、炉火不夜、古代制瓷工艺流程演示、窑炉内部结构、祭窑神等场景，给游客以穿越时空、走进历史、身临其境的感受。展览中运用高科技陈列手段增强互动性和娱乐性，采用“幻影成像”演示古代制瓷工艺和烧造场景，“侧悬浮成像”展示耀瓷珍贵文物，“360 度悬浮成像”揭秘倒装壶的神奇原理，以“虚拟电子书”方式展示耀瓷相关知识，以“电子触摸屏”和“影视放映厅”介绍耀州窑博物馆和陶瓷文物知识。

耀州窑博物馆作为省级爱国主义教育基地、研学基地、优秀历史文化传承基地和国家科普教育基地，自建馆以来始终积极发挥博物馆资源优势，始终高扬爱国主义旗帜，着力培养爱国之情、砥砺强国之志、实践报国之行；以践行社会主义核心价值观和未成年人思想道德建设为抓手，进企业、进农村、进机关、进校园、进社区、进军营开展爱国主义教育，已形成耀州窑博物馆特色教育项目。品牌教育项目“瓷诉学堂”“瓷诉乐吧”“瓷愿志爱”受到了社会各界人士的认同与欢迎。

宝塔山

“几回回梦里回延安，双手搂定宝塔山”，一首《回延安》凝聚着人们对延安的无比向往和对宝塔山的深深仰慕。

宝塔山上的延安宝塔（岭山寺塔），是全国重点文物保护单位，塔高 44 米，塔基周长 36.8 米，为八角九级楼阁式砖塔。始建于唐代宗大历年间（766—779），距今已有 1200 多年的历史。宝塔内辟有南北两座塔门，北门内有阶梯，可登临塔顶。1937 年，中

▼宝塔山全景

共中央进驻延安，这座古塔因此焕发了青春，成为引领中国革命走向胜利的熊熊火炬和航标灯。陈毅元帅曾有诗云：“延安有宝塔，巍巍高山上。高耸入云端，塔尖指方向。红日照白雪，万众齐仰望……”除宝塔外，山上还有宋代摩崖石刻、烽火台、摘星楼、日本工农学校旧址、明代铁制洪钟等文物古迹，以及古今名人诗词碑、纪念林等景观。

在巍巍宝塔下，握紧拳头，举起右手，重温入党誓词，感受延安十三年战火风云；穿上红军服，摇起纺线车，体验自力更生、艰苦奋斗的延安精神；唱一曲信天游，扭一扭大秧歌，打一段安塞腰鼓，无比的充实、自信、轻松和快乐。从宝塔平台拾级而上，登临摘星楼，俯瞰延安全貌，感悟圣地沧桑巨变，远眺沟壑纵横的黄土奇观，领略大自然的鬼斧神工。从四

▼岭山寺塔

季常青的林荫小道，沿着一代名将韩琦、范仲淹、沈括和杨家将的足迹，走过嘉岭书院，走过烽火台，走过日本工农学校旧址，我们的耳边会不时响起明制洪钟那慷慨激越的声音。伴着这声音，我们的思绪也将走进那一段段刻骨铭心、难以忘怀的历史……

新时期青少年教育基地建设工作日趋重要。在我国社会主义现代化建设进程中，持续加强青少年爱国主义宣传教育，提高他们的爱国主义觉悟，是建设以共产主义思想为核心的社会主义精神文明的一项重要任务，是宣传教育和思想政治工作的一项基本内容。因此，宝塔山景区在上级部门的领导下，积极响应共青团陕西省委关于开展《陕西省青少年教育基地管理办法》文件精神，抓好景区作为青少年教育基地的建设、管理和使用的环节，更好地为爱国主义教育、弘扬和培育民族精神服务，为青少年思想道德建设服务。

神木市图书馆

神木市图书馆自1958年建馆以来，持续关注未成年人阅读，激发少儿读者阅读兴趣，培育青少年读者的阅读“饥饿感”，本着平等、开放、共享的服务理念，不断推进图书馆阅读推广活动常态化、品牌化、制度化、多元化发展。

神木市图书馆建筑面积约1.2万平方米，于2010年12月建成投运并免费对外开放，是原文化部评定的县级“国家一级图书馆”。馆内区域多功能复合型使用，基本实现动静区域划分，并为未成年人打造亲子互动区、少儿借阅区、阅读魔方、音乐欣赏区、创客空间等专属阅读空间。现已建成馆外分馆39个，均面向未成年人开放。现有馆藏文献（含电子文献）680228册，其中图书402473册，报刊105441册，视

◀神木市图书馆大门

听资料 11792 册，电子文献 160522 册。馆内设有阅览座位 800 多个。未成年读者还可以通过在线课堂、社群服务和线上故事获取多种阅读资源。

神木市图书馆作为公共文化服务窗口，承载着文献保存整理、信息咨询服务和文化欣赏消遣的职能，同时作为公益性的社会文化教育机构，图书馆也是未成年人的第二课堂，在提高未成年人综合素质、促进他们学习成长方面发挥着重要的作用。此外，作为拥有光荣革命传统的红色老区、神府革命根据地的重要组成部分，神木也是党和国家的红色基因库。神木市图书馆需要讲好革命故事、革命根据地故事，加强革命传统教育、爱国主义教育、青少年思想道德教育，把红色基因传承好。

图书馆除开展未成年人基础借阅服务外，通过开展常态化绘本阅读、青少年阅读夏令营、经典诵读、小蜜蜂志愿服务等，稳定面向青少年组织开展阅读教育服务。其中，“小皮球故事汇 · 故事房子绘本讲读”项目是神木市图书馆为低幼阅读和亲子阅读开设的一个专题阅读项目，自 2014 年开设以来，坚持每周开展绘本讲读与互动，并通过馆内绘本阅读衍生出“移动故事房子”进校园、进乡镇、进社区服务。截至目前，图书馆通过 336 期馆内“故事房子读绘本”、381 期馆外“移动故事房子”进校园进社区、120 期线上录播绘本音视频、96 期线上直播绘本讲读、60 期“蓓蕾读书会 · 绘本研读”和 46 期绘本阅读馆员讲座，让绘本阅读走街串巷去旅行，累计服务超过 10 万人次，从服务渠道、服务模式及服务效率等多方面带动了图书馆的创新性阅读推广。

2021 年 3 月，图书馆建设以“红色文献、证章”为主要展藏的神木市红色记忆展馆。通过“选、研、陈、讲、宣”的过程，组织未成年人开展了“书籍故事串讲百年党史”的常态化特色党史学习教育主

▲图书馆内部展示

题阅读服务，并以“怎样为孩子讲好红色故事”为主题，推动馆员主题故事讲读内容的改编和原创，如改编自《鸡毛信》的《海娃送信》布偶贴故事，在故事内容和讲读方式上创新，开启了“故事房子”绘本阅读基于图书的立体讲读深耕服务，让阅读和活动的生命力蓬勃向上。

汉中市博物馆

汉中市博物馆是以“西汉三遗址”——古汉台、拜将坛、饮马池为馆址建立的集遗址保护、文物收藏、保管研究、陈列展示、社会教育为一体的组团群落式博物馆，是汉中作为国家历史文化名城最核心的组成部分。汉中市博物馆是国家二级博物馆、国家 AAA 级旅游景区和陕西省平安景区，省级爱国主义教育、科普教育、国防教育、青少年教育基地和优秀传统文化传承基地，中小学生研学实践教

▼ 古汉台博物馆

▲拜将坛馆区

育基地。

古汉台相传是汉王刘邦驻跸过的行宫遗址，宋朝至民国时期为汉中府属所在地。1958 年 11 月，依托古汉台遗址古汉台博物馆得以建立。其建筑主要依托原有建筑风貌和园林布局，由自南而北逐级升高的三个院落组成，现有面积 14000 平方米，陈列面积 1500 平方米，开辟有石门汉魏十三品、古褒斜栈道、馆藏宗教造像艺术、汉中近代革命史迹、馆藏精品文物及书画临展等专题陈列。

拜将坛是刘邦拜韩信为大将的古坛场遗址，也是不拘一格重用人才的历史见证。占地面积 50500 平方米，馆内开辟有“天汉古韵——汉中历史文物展”“国士无双——韩信生平事迹展”“天汉华章——建国七十周年汉中文博事业成果展”等专题展览。

饮马池相传是刘邦驻扎汉中时，供战马饮水之池，面积万余平方米，深达数丈，目前尚未开放。

本着“馆校共建，资源共享，教育传承，弘扬文明”的原则，汉中市博物馆先后与16所中小学签订了教育联盟协议，开展以“可爱的家乡——汉中”“天汉古韵润童心”“神奇的栈道形制”“跨越千年的文明——丝路与张骞”为主题的优秀历史文化进校园活动。通过文史知识讲座、现场情境表演、汉礼乐舞表演、精品文物图片展、拓片制作等活动，汉中市博物馆将汉中深厚的历史文化、人文精神和自然地理知识，以寓教于乐的形式传递给学生，实现了馆校联盟的教育目标，同时培育他们热爱家乡、热爱祖国的家国情怀。

汉中市博物馆充分挖掘汉中深厚的历史文化资源，深入研究馆藏文物文化内涵，在推进社会教育职能方面做了有益的探索，使青少年感受家乡厚重历史文化的同时，树立正确的社会主义核心价值观。在今后的社会教育活动中，汉中市博物馆还会进一步在“深度”上拓宽创新教育方式，在“广度”上拓展受众群体；以“学研在汉中”为契机，在社会教育领域不断推出新的学研项目，开发教材、教具，并与教育联盟内的学校长期开展活动，携手学校尝试创建试点单位，开发系列课程。博物馆将更充分地实现公共教育服务机构职能，成为适合不同人在不同发展阶段的学习殿堂。

武侯墓博物馆

武侯墓是三国时期著名的政治家、军事家诸葛亮的长眠之地。234年，诸葛亮因积劳成疾病逝于五丈原军中。《三国志·蜀书·诸葛亮传》记载："亮遗命葬汉中定军山，因山为坟，冢足容棺，殓以时服，不需器物"，故蜀汉朝廷遵其遗命安葬其于定军山下。直至263年，后主刘禅亲诏"立庙沔阳"，官方修祠建庙，断私祭，崇正礼。千百年来，游人争相拜谒，特别是每逢清明时节，官民共祭，形成了盛大的"诸葛亮清明文化旅游节"。武侯墓先后被评为第四批全国重点文物保护单位、国家AAAA级旅游景区，在全国两汉三国遗迹中享有盛名。

墓区总占地360余亩，山环水抱，风景怡人，"前书案梁、后笔峰山、左土地岭、右武岗山"，四山簇拥，玉带溪碧水潺潺，院内苍松翠

◀武侯墓外山门

▲武侯墓冢

柏浓荫蔽日，现存千年汉柏 22 株、珍稀汉桂 2 株，鹅掌楸、珊瑚朴、合欢等珍稀树种苍劲挺秀。墓区古建成群，高冢巍然，有明清遗留下来的古建筑 70 余间，庙宇三院并联，中轴线依次排列为山门、殿宇、坟亭、墓冢、寝宫，南北两院及厢房左右对称分布，布局严谨，庄严肃穆。庙院内现存碑石 40 余通，匾联 60 余幅，碑碣林立，匾联层层，记载着三国历史的荣辱兴衰。

蜀汉丞相诸葛亮是一位在中国历史上具有深远影响力的杰出人物，其在全国的纪念之处甚多。263 年，后主刘禅下诏为诸葛亮修建庙宇，同时还规定勉县武侯墓为官方唯一祭祀诸葛亮的场所。从此以后，每年清明时节，官民都到武侯墓凭吊祭拜武侯，形成了千年庙会，代代传承。中华民族作为有着五千年历史文明的礼仪之邦，自古注重个人的文明修养和待人礼节。古人有君子六艺：礼、乐、射、御、书、数，在现代就是：礼仪、道德、健康、智慧、教育。对文明礼仪的重视，不管在古代还是在现代社会，都具有非常重要的意义。因此，武侯墓博物馆采取现场听、学、做等形式，开展各类活动，让学生们了解古代礼仪，体验传统弓箭、土陶制作、摩崖石刻、拓片等非遗项目，从而传承优秀的民族文化。

武侯墓博物馆通过开展各类活动，让青少年走进博物馆，接受爱国主义、廉政主义教育，感受历史人物所留下的宝贵精神财富，聆听景区专业讲解，听三国文化特色活动课程，参与体验传统非遗项目，在轻松的环境下加强对历史文化的了解，提高对传统文化的学习兴趣，从而达到教育目的。

安康博物馆

安康博物馆是安康市唯一的综合性博物馆，国家二级博物馆，国家AAA级旅游景区。现有馆藏文物3900余件（组），其中珍贵文物近千件。春秋战国时期巴、蜀、楚文化遗物，汉魏南北朝时期的青瓷器、画像砖和陶俑，明清时期名人书画等为馆藏特色。

安康博物馆占地面积43亩，建筑面积14825平方米，由中国建筑大师张锦秋院士领衔设计，建筑主体三层，局部六层，高台临江、四面通透、秦地楚风，是安康中心城市一江两岸风景线上重要的景观建筑。博物馆展陈面积5000余平方米，陈列展览由基本陈列“天赋安康”“脉源安康”，以及专题展“安康三线建设馆”“安康市家风馆”“安康非遗展览馆”组成，系统展示了安康特色资源、人文历史、重大事件等，真正发挥“安康文化祠堂”和“安康会客厅”的功用。

安康博物馆工程荣获2014～2015年度中国建设工程鲁班奖，基

◀安康博物馆

◀基本陈列“脉源安康”

本陈列“秦巴明珠”荣获第十三届（2015年度）全国博物馆十大陈列展览精品奖，2019年入选“博苑掇英——全国博物馆陈列艺术成果交流展（2009—2019年）”。2016年成功创建为国家AAA级旅游景区，2017年成为陕西省首批优秀传统文化传承基地，2018年成为陕西省中小学生研学实践教育基地、陕西省青少年教育基地，2020年被评为陕西省家风教育示范基地和安康市廉政教育基地，并荣获安康市创建国家公共文化服务体系示范区先进集体。

安康博物馆自2015年免费开放以来，坚持共建共享，开展丰富多彩的文化服务活动，打造出“博物馆里过大年”“流动博物馆县区行”“暑期夏令营”“开笔启智”等品牌教育项目。“开笔启智”开笔礼活动及“优秀历史文化进校园”——流动博物馆活动，分别荣获陕西省首届“博物馆教育项目优秀案例”评选活动二、三等奖。安康博物馆已成为外地游客了解安康和当地百姓文化休闲的重要场所。

旬阳市博物馆

旬阳市博物馆位于汉江、旬河交汇处的旬阳老城之巅，成立于1984年5月，以修建于明成化八年（1472年）的陕西省文物保护单位旬阳文庙为馆址。1996年4月被中共陕西省委命名为爱国主义教育基地，2000年6月被共青团陕西省委命名为青少年教育基地，2009年被国家核准公布为三级博物馆和第二批免费开放的博物馆。博物馆占地面积2370平方米，建筑面积1458平方米，馆藏文物1万余件。现

▼旬阳市博物馆上院

有“匾联神韵”“开拓的足迹——汉代以前的旬阳”“馆藏选粹”三大基本陈列，展出文物 500 余件。展览融合多元文化，地域特色鲜明，具有较高的历史、艺术、科学价值，真实再现了旬阳悠久的历史。博物馆常年对外免费开放，是一个集收藏研究、陈列展览、宣传教育、旅游观光为一体的文化旅游阵地和对外文化交流的窗口，年接待游客 10 万余人次。

近年来，博物馆紧紧围绕青少年教育工作主线，注重自身建设，严格规范管理；注重硬件建设，加大基础投入；注重环境优化，打造绿色景区；注重宣传推介，挖掘教育内涵；注重载体创新，强化教育功能；努力探索新形势下利用文物传播历史文化知识以及对广大人民群众尤其是青少年进行教育的新途径。

旬阳市博物馆以中国悠久的历史文化为根本，以文庙所承载的儒家文化为依托，以精致的陈列展览为载体，开展诸多特色鲜明的青少年教育实践活动，受教育师生达 10 余万人次。先后与城关一中、城关

▶推广传统礼仪

一小、草坪九年制学校、石门镇中心小学等20余所学校建立了青少年优秀传统文化教育共建关系，定期联系，组织活动。围绕传统节日、国际博物馆日、文化和自然遗产日等节点，组织举办了中华传统文化知识竞赛、红色革命教育、文化传承手拉手书画联谊、传统工艺体验、弘扬国学传承礼仪等系列主题活动，服务于青少年学生。常年坚持开展“请进来、走出去”系列教育活动，积极联系周边学校师生来馆研学参观。主动服务基层，赴全市中小学校举办“文物法规六进宣传”“优秀历史文化进校园”等教育活动。通过文物保护利用惠民活动的成功开展，向社会各界普及了文物保护知识，提升了社会各界保护文化遗产的积极性，也让青少年对祖国传统文化有了更多的了解和认识，激发了他们热爱祖国、热爱家乡的豪情。

下一步，旬阳市博物馆将继续培育和践行社会主义核心价值观，使优秀文化内化于心、外化于行，精心策划青少年教育主题活动项目，推进基地青少年教育工作效果化、常态化，让优质的公共文化资源惠及广大青少年群体，并不断得以延续和传播。

商洛市博物馆

商洛市博物馆成立于1994年2月，2001年9月正式对外开放，是商洛第一座以历史文物收藏、研究、展示、教育为主的综合性博物馆。2009年5月被国家文物局评为“国家三级博物馆”，馆址位于商州区工农路北段大云寺内，建筑占地面积912平方米。

馆内藏品丰富，馆藏文物总数5538件（组），其中国家一级文物4件（夏代墨玉牙璋、夏代墨玉玉戚、宋代耀州窑薄胎青釉贴塑人物渣斗、北周东罗马金币），二级文物12件，三级文物171件（组），种类包括石器、骨器、陶器、漆器、玉器、青铜器、铁器、瓷器等。

博物馆文物展厅包括“商洛珍品文物展”和“商洛石佛像展”。“商洛珍品文物展”展厅面积216平方米，陈列展出与商洛历史密切相关

▶博物馆外观

的文物130余件，集中展现了商洛近年来考古研究所取得的重大成果以及各种渠道征集、收藏的历史文物，代表器物有夏代礼器玉牙璋、铸有铭文的西周青铜器虎簋盖、战国的“雒亭”“楚里孙”陶罐、秦代“商”字瓦当等；“商洛石佛像展”展厅面积170平方米，主要展示了宋元明清时期的石刻雕像41件，将佛教文化作为一个重要的内容和文化亮点向观众开放展示。

近年来，商洛市博物馆利用现有的文博资源，结合自身实际，创新思想，提出以创建青少年教育基地为载体，以广大青少年为重点对象，采取灵活多样的形式，积极创新思想文化教育形式，初步形成了特色的青少年思想文化教育模式；通过建立馆校合作长效机制，加强同商洛各类学校的联系，以建立实践教学

▼内部展示

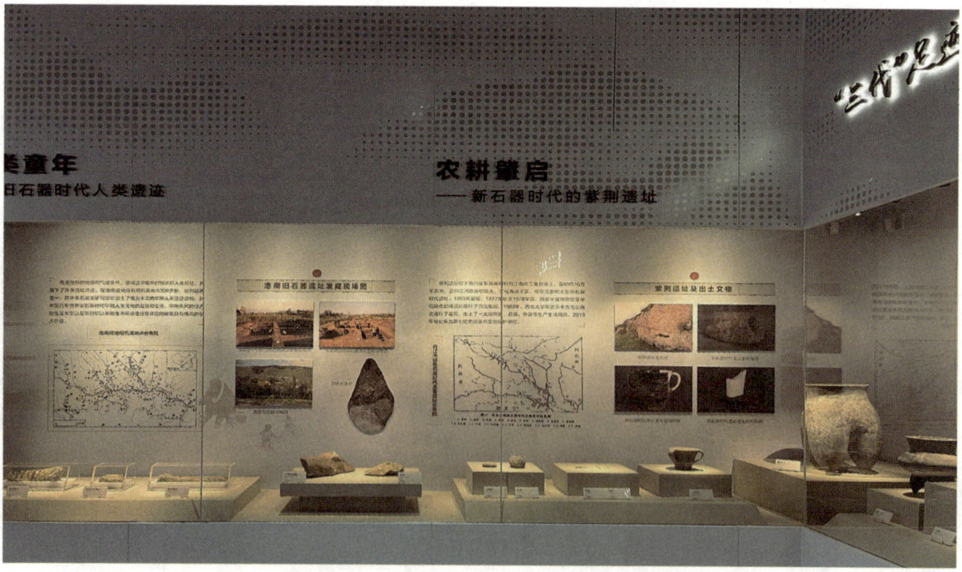

基地、研习基地与进馆参观等形式，把课堂搬到博物馆里，开展丰富多彩的馆校联动活动，其中以“小小讲解员”实践课程最具特色，此类活动不仅可以加深学生对文物和历史文化知识的认知、理解，深化思想文化教育内涵，也可以提高学生的语言表达能力；同时博物馆创新解说形式，增强了博物馆展出活动对社会公众的吸引力，有效促进商洛历史文化的广泛传播。

商洛市博物馆青少年教育活动的有序开展，为广大青少年提供了学习的第二课堂，激发了青少年对文物背后故事的好奇心，增强了青少年对商洛历史文化学习的自信心，也促使商洛市博物馆不断丰富文博资源，为广大青少年提供更加完备的学习资源。

梁带村芮国遗址博物馆

韩城市梁带村芮国遗址博物馆位于陕西省韩城市西庄镇梁带村，于 2005 年被评为“全国十大考古新发现”，2006 年被国务院确定为全国重点文物保护单位，2018 年被评为国家 AAAA 级景区，同年被陕西省科协认定为陕西省科普教育基地，2019 年被韩城市教育局、韩城市文化和旅游局认定为研学实践教育基地，同年被共青团陕西省委命名为陕西省青少年教育基地。

梁带村芮国遗址博物馆是在梁带村周代芮国墓地

▼梁带村芮国遗址博物馆鸟瞰图

西侧建成的遗址类博物馆，新扩建的梁带村芮国遗址博物馆设计采用三进院落式的空间格局，形成极为严整而富有变化的空间序列，融合现代化元素，庄严凝重，气势恢宏，是一座传统与现代相结合的大型博物馆。博物馆占地16938.88平方米，展览面积6000平方米，博物馆以东的墓葬群占地33万平方米。整个考古控制区占地976.78亩，分墓葬区和遗址区两个部分，共发现两周墓葬1300座、车马坑64座，经对七座大墓及百余座中小型墓的抢救性发掘，共出土金、玉、铜器等各类文物万余件，仅珍贵文物就有3000余件，其中国内首次重大发现的文物有70多件。

梁带村芮国遗址博物馆出土文物珍贵且数量较多，文化气息极为浓厚，因此，博物馆充分利用这些文物所承载的悠久历史文化，以科学和谐理念为统领，全面贯彻党的教育方针，以文化教育为出发点，以素质教育为根本目标，以加强思想道德教育、继承优良传统文化、发扬传统美德为重点，实现青少年书本教育与实践体验的紧密结合，从而促使青少年全面发展与健康成长。

◀梁带村芮国遗址博物馆

梁带村芮国遗址博物馆全年开放，单日最多接待人数达1500人。梁带村芮国遗址博物馆具备承接中小学生、大学生及研究生等开展教育实践的能力，并结合景区资源特点，设计开发适合不同学段学生的活动及与学校教育内容相衔接的课程。同时，芮博还开展丰富多彩的公益教育活动，主题特色鲜明，富有教育功能，提升了芮博的青少年教育影响力。此外，博物馆针对中高考学生群体推出“中高考学生免费游芮博”活动；与陕西历史博物馆合作联合举办“岁月如歌”特展；使用老物件、老照片、文字视频、实物场景等元素和互动体验等手段，充分展示中华人民共和国成立70周年来人民群众生产生活发生的巨大变迁；利用暑期举办“古芮小才子”活动，通过开设讲解、礼仪公益课堂，搭建起历史与青少年沟通的桥梁，使更多的青少年走进梁带村芮国遗址博物馆，增长见识，了解古芮文化。

梁带村芮国遗址博物馆已经具备日趋完善的青少年教育方案与制度，融合“体验+教育”的叠加模式，让青少年在教育活动过程中有观看、学习、体验、分享的多元化参与，达到学习教育的目的，培育和践行社会主义核心价值观，助力推进中小学素质教育。

第三章

发展成就篇

西安秦岭终南山世界地质公园翠华山景区

秦岭中段古名终南山、太乙山，翠华山位于终南山中部，面积 32 平方千米，距离西安市中心 20 多千米。翠华山以秀美的湖光山色、罕见的山崩地貌而著称，其山崩地貌类型全，结构典型，保存完整，塌体规模居国内第一、世界第三，国内外罕见，素有“中国山崩奇观”“地质地貌博物馆”之美称。1992 年翠华山被林业部批准为国家森林公园，2001 年被国土资源部批准为首批国家地质公园，2002 年被国家旅游局批准为国家 AAAA 级旅游景区，2009 年晋升为西安秦岭终南山联合国

教科文组织世界地质公园的核心景区，2012 年获评为国家水利风景区。

翠华山有着丰富的人文资源，史载汉武帝曾在“太乙宫”多次祭祀太乙神，此太乙宫就建在翠华山天池北侧；“翠华书屋”是清末民初关中名儒蒋古庵先生自 1913 年始，在翠华山兴办的一座书院；“西北游击干部训练班”开办于抗日战争期间，总部设在翠华山，共训练了 500 多名抗日游击作战干部；《临流独坐图》画中的景色被认为是翠华山的独特景观，由此陕西国画院与翠华山景区在天池边立碑“北宋·山水画家范宽终南山创作纪念地”；“太乙近天都，连山接海隅”“重峦俯渭水，碧嶂插遥天”等唐代名诗佳作，描绘的正是翠华山，也融合于“十八盘终南文化

▼翠华山风景

▲天池

主题景区”。

基地自然资源和青少年活动场地主要分布在东西两条河谷，两条河谷由呈南北走向的山崩残峰翠华峰间隔。东侧河谷是翠华山天池山崩主景区，是基地的核心游览区。西侧河谷坐落有西安秦岭终南山联合国教科文组织世界地质公园博物馆。天池山崩区山崩地质展现了自然现象，地质公园博物馆展陈呈现了科学解释，两者相辅相成，构成了完备的翠华山全景式青少年活动平台。

翠华山坚持“普及性、教育性、实践性、安全性”的原则，以山崩地质遗迹景观为教育核心，以“探奇山崩奇观，解密地质谜题”为展示主题，形成了一套内容丰富、特色鲜明的青少年教育体系。同时，利用地质、森林、冰雪等自然优势，研发山崩地质科普、冰雪运动、冬夏令营等产品，让青少年建立对大秦岭的崇敬与热爱之情。此外，设计秦岭地质探秘、安全知识教育、团队协作游戏、野外生存技能等教育课程，引进秦岭终南山飞柚国际青少年营地项目。

2013 年 7 月，西安秦岭终南山世界地质公园博物馆于翠华山基地内建成并免费开放，是西北首家地质公园博物馆。博物馆通过图文、模型、矿物标本、多媒体设备、弧幕影院等展示方式，全方位介绍了秦岭终南山世界地质公园的地质奇观、文化历史、民俗风情，成为陕西学子乃至全国青少年大自然教育的胜地。近年来，博物馆不断发挥自身优势，积极开拓国内外科普教育交流平台。中央台《地理中国》栏目对博物馆进行专题报道。此外，博物馆在景区网站和“两微一抖”等平台发布地质科普教育知识和信息，开设“一分钟地质科普教育讲堂”。

西安秦岭野生动物园

西安秦岭野生动物园地处秦岭北麓，是西安旅游集团投资建设的西北地区首家野生动物园，于2004年5月1日正式开园，是集野生动物移地保护、科普教育、旅游观光、休闲度假等功能于一体的国家AAAA级旅游景区。全园占地面积2600余亩，展养着大熊猫、羚牛、金丝猴、朱鹮等秦岭珍稀动物以及来自世界各地代表性的野生动物200余种、6000余头（只），动物种群、数量均居西北首位，年接待游客150万人次。

秦岭野生动物园青少年教育基地成立以来，本着“关爱儿童，保护动物，履行社会责任”的理念，注重教育公益，勇担青少年教育责任及企业社会责任，围绕秦岭、动物、植物、生态文明、环境保护等核心内容积极开展各类青少年教育活动、社会公益活动和志愿活动，产生了良好的反响。多年来，基地不断完善管理机制，成立了以青年党员、团员为主体的“动物科普志愿服务小分队”，为开展动物科普巡游和青少年科普教育提供了人力保障。目前，基地配有室内科普活动场所3个（科普场馆全年免费开放）、科普宣传栏200块、动物标本80件。

2013年以来，秦岭野生动物园每年集中利用6月、11月、12月走进西安周边市、区，开展“动物科普巡游”“动物科普进校园”等主题宣讲活动，已累计走进8000余所学校，惠及全省150多万学生。常年开展“动植物科普进校园”公益活动和研学旅行教育活动。2014年以来，基地每年开办的“动物探索学院”体验式夏令营活动，已成为陕

◀秦岭野生动物园

◀科普讲堂

西地区首屈一指的品牌夏令营。长期以来，西安秦岭野生动物园积极践行社会职责，扶贫帮弱，常年接待社会上的留守儿童、残疾儿童、贫困儿童等免费入园参观，积极开展“小葵花”爱心公益游园活动。

建功新时代，展现新作为，开展青少年教育活动、社会公益活动和志愿活动，既是企业经营的需要，更是助推生态文明建设，造福千秋的公益行为。在今后的工作中，秦岭野生动物园将充分发挥全国野生动物保护科普教育基地、陕西省青少年教育基地的资源优势和平台作用，继续坚持“走出去”，把科普教育“搬”到学校、街道社区、农村山区；同时做好“请进来”，为基层青少年提供多种生动活泼、积极向上、健康有益的科普活动，让青少年学生在动物科普教育活动的快乐体验中健康成长。

长庆油田展览馆

长庆油田是我国第一大油气田，总部位于陕西省西安市，主要承担着鄂尔多斯盆地油气及伴生气资源的勘探、开发、生产、储运和销售等任务，累计为国家贡献油气当量超过 7.6 亿吨。

长庆油田展览馆位于陕西省西安市未央区长庆油田总部综合科研楼 F 段，2009 年 12 月由中国石油长庆油田分公司兴建，2009 年 12 月 28 日投入使用，总

▼ 长庆油田展览馆

占地面积4800平方米。展览馆分一楼创业厅、二楼发展厅、三楼文化厅、四楼未来厅四个展区。自投运以来，年均接待量达3万人次。

打造特色品牌，引导少年儿童学习石油知识，提升综合素质。针对6至12岁少年儿童的年龄结构、知识需要、性格特点等，展览馆开办“萌娃讲长庆——小小讲解员体验课堂”系列活动；通过课堂培训、展厅观摩、模拟考核、汇报讲解等多种形式，让“小小讲解员们”在收获石油知识的同时，提高了表达能力，增强了自信，为他们在今后的学习和生活中增强自身素质发挥了积极作用。

创新宣教方式，引导中学生坚定理想信念、矢志不渝奋斗。展览馆面向广大中学生，先后同长庆二中、西安市六十六中学等建立了长期合作的社会实验

▼“守望石油”展览

科普教育基地。以“延安精神”“解放军精神”“石油精神”等20多项特色爱国主义教育展区为载体，深入开展“爱国主义宣讲”“青少年科普教学日”等主题活动，通过重温老一辈艰苦奋斗的创业历程，激发广大中学生爱国主义热情，使他们树立远大理想。

深化实践认识，引导高校学生传承优良传统、牢记初心使命。展览馆面向广大高校学子，持续推进“沉浸式”学习教育，作为西北大学、西安石油大学等石油相关院校定点教育基地，让大学生们通过学习石油专业知识、了解石油工业历程、感受石油精神熏陶，坚定爱党爱国的信念和“我为祖国献石油”的初心使命。

突出使命感召，引导青年员工弘扬石油精神，立足岗位建功。展览馆面向新入职员工及油田广大团员青年，不断深化党建教育及廉洁文化、模范引领等展区建设，常态化开展主题教育活动，让油田青年加深对石油事业的认知和理解，激励他们在干事创业中显身手、见担当，为祖国能源事业贡献青春力量。

征途漫漫，惟有奋斗。今后，长庆油田展览馆将面向石油系统、面向社会各界，持续发挥好教育引导青少年、竭诚服务青少年的作用，全力打造青少年思想政治教育的重要课堂、促进青少年发展成才的重要阵地、传播企业精神文明的重要窗口，为促进陕西青少年健康成长提供有力支撑，为陕西省奋力谱写新时代追赶超越新篇章贡献力量。

太白山国家森林公园

陕西太白山国家森林公园是在原眉县国营汤峪林场基础上建立的。1984 年国家实施天然林禁伐后，林场面临生存危机，因此，林场利用独特的森林生态资源，1987 年开始筹建森林公园，发展生态旅游，用旅游收入保护森林资源，实现林业的可持续发展；1988 年 3 月经省林业厅批准建立省级森林公园，1991 年 8 月经国家林业部批准建立国家级森林公园。

▼拜仙台

1992 年 7 月太白山国家森林公园正式开园。公园总面积 4008.53 公顷，森林覆盖率达 92.9%，活木总蓄积量 96.4 万立方米，有野生植物 2594 种，野生动物 2554 种，素有“世界生物基因库”之称。公园以森林景观为主体，苍山奇峰为骨架，清溪碧潭为脉络，文物古迹点缀其间，构成一幅静态景观与动态景观相协调，自然景观与人文景观浑然一体，风格独特的生动画卷，是集生态观光、文化旅游、休闲度假、户外运动、科普教育等多种功能于一体的综合生态人文型景区。

太白山文化博大精深，内涵丰厚，由奇特的自然文化、悠久的历史文化和多彩的社会文化三大系统组成，是一种涵盖太白山生态环境、山水风光、生物种

▼世外桃源瀑布

群、社会历史、民俗风情、文学艺术等要素的综合性地域文化。太白山国家森林公园传承和发掘太白山文化内涵，使太白山旅游产品更具三秦文化韵味和鲜明的地方文化特色，提高景点的旅游品位和美学观赏价值，进一步增强对国内外游客的吸引力。

太白山景观类型多样，景观资源丰富：地文景观奇特多样，水文景观秀丽多姿，生物景观绚丽多彩，天象景观缥缈奇幻，人文景观底蕴深厚。景观特色鲜明，尤以高、寒、雄、奇、秀、幽、古最为诱人，“太白积雪六月天”是闻名遐迩的陕西关中“八景”之一，声名远播。园内有十大景区 180 多个景点，园前景区主要景点山清水秀，温泉涌流，以温泉养生和道文化迎客，主要功能是温泉疗养、休闲度假、山水游览、史迹觅踪等；汤河谷景区峰峦叠嶂，河谷较宽，史迹较多，以河谷风光和杨文洲精神闻名，主要功能是生态观光、山水游览、英模祭奠、宗教朝圣等；鬼谷洞景区内环境清幽，文脉丰厚，以自然风光和鬼谷文化诱人，主要功能是史迹寻觅、生态观光、山水游览、森林养生等；九九峡景区内峡谷深邃，奇峰对峙，以峡谷风光闻名，主要功能是山水游览、生态观光、攀岩探险等；开天关景区内高林蔽日，野趣浓郁，以森林风光见长，主要功能是生态观光、森林养生、消夏避暑等；七女峰景区内山势峻险，森林茂密，以奇峰险景著称，主要功能是登山探险、观景览胜、野营游憩、科考实习等；观云海景区内山高林密，风光秀丽，以高山风光取胜，主要功能是高山览胜、生态观光、科考实习等。

大散关

古大散关距今已有3000多年历史。散关文化博大精深。“明修栈道、暗度陈仓”的历史典故发生于此。陆游留下“楼船夜雪瓜州渡，铁马秋风大散关”的佳句。大散关原为周时散国之关隘，故称为“散关”，南宋后称“大散关”。现为陕西省重点文物保护单位。

大散关南起宝鸡市秦岭梁南凤县“煎茶坪”，北至宝鸡市渭滨区“益门镇”，是中国最长的关隘。从汉唐一直到道光年间，此地一直归蜀地所辖，李白诗中“蜀道之难，难于上青天”，指的就是这里。

这里有大散关革命传统教育基地——秦岭战役遗址。秦岭战役就

◀散关古战场

发生在大散关地区。扶眉战役后，解放军主力挺进兰州，留十八兵团在西安、宝鸡沿线监视敌军动态。1949 年 8 月 25 日，第六十军由宝鸡西进；26 日，隐蔽集结于宝鸡以西的码头、胡店地区；29 日，又翻越秦岭取道隘口、宽滩向黄牛铺前进。解放军第六十一军的两个师和直属炮团驻守益门大散关地区，与敌军形成对峙状态。国民党第三十八军由东河桥、观音堂、晁峪向宝鸡移动，到了益门镇南的大散关、天台山、荞麦山。战斗开始后，解放军第六十军一七八师于码头南之九里沟击溃向固川进犯的敌一七七师。30 日夜，解放军攻取大散关、观音堂、东河桥、黄牛铺等地。秦岭战役摧毁了胡宗南部大散关一带秦岭防线，保障了第一野战军主力攻取兰州的左侧安全，并打开了通向汉中的门户，为第十八兵团而后入川，配合第二野战军解放西南创造了有利条件。

秦岭战役纪念馆，涵盖了秦岭战役的历史介绍、人物介绍、地形介绍、作战地图、历史影响等内容，配有大型多媒体展室设施，展示了近百幅历史图片。秦岭战役纪念馆配备专职讲解员，同时配有中央电视台军事频道 42 分钟《秦岭战役》纪录片，每场活动可容纳 150 人左右。通过参观大散关，了解历史故事，品红色精神，鼓励青少年把党的历史学好、总结好、传承好、发扬好。

劳山国家森林公园

陕西劳山青少年教育基地，位于陕西省延安市甘泉县劳山国家森林公园内，基地距甘泉县 34 千米，距离延安市 70 千米，经营面积 2.9 万亩。园内自然资源丰富，动植物种类繁多，有野生动物 188 余种，其中国家一二级保护动物有金钱豹、金雕、黑鹳、猫头鹰等。野生植物 600 多种，森林覆盖率达 92%，堪称陕北黄土高原上的“植物王国”“天然氧吧”。

公园主要突出“陕北黄土高原辽东栎等天然次生林保护地、关中平原生态屏障、黄土高原生物多样性

▼观景台

保护地、黄土高原植被保护与恢复示范地”的功能定位，同时提出了要打造黄土高原生态文明体验基地的发展定位。在省林业厅、市林业局、劳山国有林管理局的大力支持下，公园逐渐成为对外展示林业成果的桥梁，同时也担起了延安地区推动生态文明建设的重任。

公园先后被评为全国科普教育基地、国家AAA级景区、全国森林康养基地试点建设单位、陕西中小学生研学实践教育基地、中国森林体验基地、中国森林氧吧、陕西省自然体验基地。公园既具自然风光之秀美，又有人工雕琢之神韵，构建起一处独特的自然景观和人文景观，展现出一幅奇、秀、幽、野的立体画面。

▼ 自然灾害体验屋

园内的展馆共五个展厅，分别是序厅、起源厅、植物厅、动物厅和养生厅。馆藏标本1000余件，其中矿物岩石与古生物化石35件，昆虫标本900多号，珍稀动物标本20余件，植物标本60余种。园内还设有土壤科普点、树根年轮科普点、水土流失实验点、苔藓科普点等，通过自主、合作、体验、探究等实践活动，引领学生感受自然之美，体悟人与自然的和谐，体验知识的形成过程，激发学生对大自然和魅力劳山的热爱之情，培养学生综合运用所学知识发现问题、解决问题的能力，增强学生的环保意识和社会责任感，提升学生的创新能力和科学素养。

传承民俗文化，弘扬艰苦朴素的奋斗精神。延安属于暖温带半湿润气候，为黄土高原丘陵沟壑地貌。陕北的窑洞是一种独特的民居形式，是陕北农民的象征。在公园内有一处遗留的窑洞。2020年初，公园将这处窑洞重新改造，作为孩子们前来体验的研学点。

为拓展体能，促进身心健康，公园内专门设有拓展训练基地。拓展训练基地占地4550平方米，共分为五个区域，分别是高空组合、中空五连、特警五项、游戏比赛组合及地面项目，包含攀岩、单杠、天梯、背摔台、相互依存、四米墙、钻网、滑梯、爬网等46个项目，完全能够满足企事业单位、社会团体、中小学生的拓展要求。

传承红色基因，弘扬革命精神。公园建设了“今是昨非桥”“网红桥”，以及大面积的草地、森林穿越探险之路，作为红色长征爬雪山、过草地、飞夺泸定桥的体验基地。

万花山景区

万花山风景区位于距延安市宝塔区 11 千米处的杜甫川，海拔 1200 米，占地面积 754.2 亩。景区组建于 1979 年 6 月，1994 年被国家林业局授予国家森林公园称号。

毛泽东、周恩来、朱德等老一辈无产阶级革命家于 1939 年、1940 年两次游览万花山。毛主席曾在游览时这样说道："这是我们民族的财富，一定要管好，待全国解放后，我们可以在这里修建公园、疗养院，作为劳动人民休息、游玩、娱乐的场所。"这句话充分肯定了万花山在提高人民生活质量中的重要地位和作用。景区内现已形成牡丹观赏区、度假区、民俗文

▼万花山景区风景

化展示区、游乐区四大功能区，是休闲、观光、娱乐、度假的好去处。

2010 年 12 月，万花山风景区被国家旅游局评定为 AAA 级旅游景区，2012 年被陕西省水利厅评定为省级水利风景区。一直以来，万花山风景区都以忠孝勇义的木兰精神和稀有珍贵的野生牡丹而闻名，被誉为“木兰故里、牡丹之乡”。万花山景区内现生长有 5 万余株、300 余亩的野生牡丹，已被国家林业专家鉴定为中国四大牡丹原生地之一，也是秦岭以北地区最大的野生牡丹生长群。

万花山的野生牡丹主要分布于东坡之上，有 20 多个品种，每年农历四月初八前后盛开，小满凋谢，花期近一个月；有红、白、黄、紫、粉、绿六大色系，单瓣、托挂、皇冠三种花型。

万花山青少年教育基地之成长乐园活动是景区的特色活动。在活动中，小朋友可以通过科普员的现场讲解以及自己的亲身感受和体验，探究花卉种子的生长过程，了解巾帼英雄花木兰替父从军的传奇故事，并和父母一同享受一段绿色纯净的田园生活。孩子们从中感受到了大自然的无穷魅力，也渐渐懂得了父母养育自己的不易，从而增进了亲子之间的感情。活动的开展为培养青少年健康向上、知晓感恩的良好品质起到了助推作用，也对加强青少年历史文化熏陶，树立其正确价值观具有积极意义。万花山景区成长乐园活动让孩子们在父母的陪伴下充分领略了延安乃至陕北地区的一方秀美山水，为孩子们的业余生活留下了美好的回忆，也让人们在当下工作压力日趋繁重、都市快节奏与忙碌的生活之余体验了一番绿色山野的闲情逸致。

牛背梁国家森林公园

牛背梁国家森林公园位于陕西省商洛市柞水县境内，景区面积 2123 公顷，景区内景观资源丰富，生态系统完整，被联合国教科文组织授予“牛背梁世界生物圈保护区”，是国家级森林公园、国家 AAAA 级旅游景区、国家水利风景区、全国青少年户外体育活动营地和陕西省青少年教育基地，被誉为“中国最美原生态旅游景区”“中国最具潜力的十大森林公园”“影响世界的中国文化旅游名景”。

▼牛背梁

牛背梁国家森林公园地处我国南北地理分界线，动植物资源十分丰富，被称为“天然动物园”，是我国唯一以保护国家一级保护动物羚牛及其栖息地为主的森林和野生动物类型的国家级自然保护区。已知区内有兽类 60 种，鸟类 124 种，两栖爬行类 27 种，鱼类 7 种。其中有国家一级保护动物羚牛、豹、林麝、黑鹳 4 种，二级保护动物黑熊、红腹角雉、大鲵等 24 种，地方保护动物 18 种。森林公园也被称为“天然植物园”，已知区内有种子植物 105 科，433 属，950 种（中国特有属 12 个，特有植物种 459 种，秦岭植物种 55 种），其中有国家一级保护植物红豆杉、二级保护植物太白红杉、连香树、水曲柳、大叶榉，还有省级保护植物十多种。

为帮助中小学生了解家乡、了解自然、热爱祖国、开阔眼界、增长知识，着力提高中小学生的社会责任感、环保意识，牛背梁国家森林公园于 2020 年申报成为陕西青少年教育基地，在景区步道沿途设置了科普展板 100 余延米，并拍摄环保题材电影《爷爷的牛背梁》。森林公园致力于为孩子们打造一处“没有围墙的教室”。在牛背梁这个“森林课堂”中，孩子们可以观察植物、土壤、岩石，认识蝴蝶、蛾子等昆虫，学习用红外相机拍摄野生动物，在快乐中探索自然的奥秘，收获丰富的知识。

韩城市党家村景区

党家村位于陕西省韩城市东北方向的西庄镇，东临黄河，南绕泌水，西北临塬，始建于元至顺二年（1331 年），建村距今近 700 年历史。其民居四合院是韩城市乃至北方民居的典型代表，被誉为“民居瑰宝”“东方人类古代传统居住村寨的活化石”。党家村是全国重点文物保护单位，中国历史文化名村，陕西省著名旅游景区。

2012 年，根据韩城市委市政府的总体安排，党家村工作组在党家村两委会的大力配合下，根据多数村民意见，确定了由景区管委会接管党家村景区管理建设的方案。党家村景区管理处成立于 2013 年 3 月，主要负责党家村景区旅游服务的管理工作和景区内文物的保护工作，2017 年 3 月更名为党家村景区管理委员会。管委会自 2016 年申报全国青少年教育基地以来，不断致力于提升景区的教育功能，充分挖掘景区建筑文化、门楣文化、家训文化、民俗文化内涵，积极组织接待各类中小学研学游活动，制订研学游接待方案，以加强青少年教育工作为核心，提高青少年研学体验为目的，丰富青少年课外实践活动，不断加大在旅游环境、经营管理、综合服务、环境卫生等方面的工作力度，实现了景区综合服务质量和管理水平的大幅提升。

2016 年 4 月 21 日，“韩城市家训家规教育基地”正式在党家村景区挂牌成立；2016 年 7 月，党家村被授予“陕西省青年文明号”荣誉称号，2016 年 12 月成功创建为国家 AAAA 级旅游景区，2017 年 6 月

15 日被评定为廉政警示教育基地，2018 年被评为市级文明单位，2019 年被评为陕西省青少年教育基地。

党家村拥有近 700 年的传统古村落建筑文化，村庄建筑风格保存完整，民风淳朴，百年家风保存至今。在党家村景区，青少年可以接触到传统建筑文化、家训文化以及各类传统习俗、民俗表演，从而得以拓展课外知识，丰富文化涵养，助推德智体美全面发展。党家村的家训展馆已成功申报社会主义核心价值观教育基地和廉政警示教育基地，同时接待研学游教育团队，让青少年在深入了解家乡历史文化的同时，不断增强他们的爱国之志和热爱家乡之情。

▼党家村全景

景区目前能按照自身的特色和历史内容，把握好展出重点，充实完善陈列物品。景区展陈面积1694平方米，展线长度400米，展陈文物440件，景区全年开放，配套有刊物、专著研究以及宣传册。景区具备承接中小学生开展教育实践的能力，能够结合景区资源特点，设计开发与学校教育内容相衔接的适合小学、初中、高中不同学段学生的课程和线路；所开设的课程学习目标明确，主题特色鲜明，富有教育功能；有适合中小学生需要的专业讲解人员、课程和线路介绍。景区能够积极配合教育部门工作，对中小学生研学实践教育活动实施门票减免等优惠措施。景区周边交通便利，适宜中小学生前往开展教育活动，在本地区、本行业有一定示范意义。

景区已经具备日趋完善的青少年教育方案与制度，融合“体验+教育”的叠加模式，让青少年在教育活动过程中有观看、学习、体验、分享等多元化的参与，助力推进中小学素质教育，达到学习教育的目的。

西安电子科技大学博物馆

西安电子科技大学是毛泽东等老一辈革命家亲手创建的第一所工程技术学校，延续着中国高校最长的红色血脉。学校是国内最早建立信息论、信息系统工程、雷达、微波天线、电子机械、电子对抗等专业的高校之一，开辟了我国 IT 学科的先河，形成了鲜明的电子与信息学科特色和优势。2017 年 10 月，西安电子科技大学博物馆建成开放。为进一步建立健全管

▼西安电子科技大学博物馆外观

理机制，2020 年 6 月，经学校研究决定，整合档案馆、校史馆、博物馆三馆资源，设立档案馆/校史馆/博物馆。2020 年 4 月，博物馆被评为陕西省干部教育培训现场教学点；2020 年 5 月，被命名为陕西省爱国主义教育基地；2020 年 10 月，成为中国博物馆协会团体会员单位；2021 年 6 月，被命名为陕西省青少年教育基地；2021 年 6 月，加入陕西高校革命文化传承联盟。

西安电子科技大学博物馆是一座综合性电子科技类博物馆，旨在以电子科学技术发展史上最具代表性实物为载体，结合现代数字化、多媒体等展示手段，全面、客观、准确地记录世界特别是中国电子科学技术发展的重要人物和事件，追溯电子科学技术发展的

▼内部展示

历史脉络和文化变迁，梳理我党我军军事电子科技事业发展的光辉历程，展示西电和兄弟单位为中国电子信息事业做出的重大贡献，发挥科普教育、专业教育、科学研究和文化传承的作用。

博物馆室内展厅面积1600平方米，室外展区面积800平方米，馆藏藏品5000余件。基本陈列分为序厅、通信厅、雷达厅、计算机厅、电子元器件厅、电子测量仪器厅、未来厅、室外展区等八个部分，多维呈现了电子科学技术发展的历史和我国军事电子事业发展的历程，系统展示了西电建校以来为中国电子科技事业所做的贡献，弘扬了一代代电子科技工作者艰苦奋斗、自强不息、无私奉献、勇于创新的崇高精神。西电博物馆面向师生校友、兄弟高校、中小学生及社会公众免费开放，年均接待观众2万余人次。

西电博物馆以学校丰富的红色教育资源和科普资源为基础，在教育工作中融合以爱国主义为核心的民族精神和以改革创新为核心的时代精神，通过不断优化宣教模式，丰富教育内容，创新教育载体，推动青少年教育工作取得实效。在教育工作中，采取互动式、启发式、交流式讲解教育，增强思想性、科学性、理论性和亲和力，引导青少年树立国家意识、增进爱国情感。同时，突出电子信息技术特色，运用VR等信息技术，建设网上展厅、“灯影绘梦”交互体验项目、激光演示平台、多点触控大屏、数字影院等设施，增强展览的互动性和传播力，提高对青少年观众的吸引力并启发其创造力。

交大西迁博物馆

交大西迁博物馆坐落于西安交通大学兴庆校区，2018 年 12 月 11 日，在习近平总书记对西安交大 15 位西迁老教授来信作出重要指示一周年之际正式开放。展馆建筑面积约为 3760 平方米，布展面积 2400 平方米，展出照片、图表和实物等 2000 余件，集中体现西迁人“听党指挥跟党走”“打起背包就出发”，筚路蓝缕西迁创业的艰苦历程和辉煌成就，展示以“爱国奋斗”为内核的西迁精神激励一代代知识分子奋勇前进的磅礴伟力。2020 年 4 月 22 日，习近平总书记参观交大西迁博物馆，亲切会见西迁老教授，指出“西迁精神的核心是爱国主义，精髓是听党指挥跟党走，与党和国家、与民族和人民同呼吸、共命运，

◀交大西迁博物馆外观

▶内部展示

具有深刻现实意义和历史意义。”

开馆至今，西迁馆以“讲好西迁故事、传承西迁精神、争做西迁新传人”为宗旨，共接待社会各界人士近45万人次。获评国家文物局“弘扬中华优秀传统文化、培育社会主义核心价值观”主题展览重点推介项目，获批全国妇女爱国主义教育基地、陕西省爱国主义教育基地、陕西省青少年教育基地、陕西省妇女干部教育培训基地、陕西省社会科学普及基地、陕西省党外知识分子爱国主义教育基地、陕西高校革命文化传承联盟会员单位等，被评为陕西省“学雷锋活动示范点”，成为弘扬西迁精神的重要阵地，开展爱国主义教育的重要基地，发挥立德树人作用的重要平台。

如今，交大西迁博物馆已成为激励学生成长成才的重要基地。寒暑假期间，西迁馆广泛开展青少年研学活动，接待全国各地前来研学的青少年团队；以纪念日、重大活动节点为契机，开展丰富多彩的宣教活动，如“致敬西迁先贤”“校史故事演讲比赛”“西迁记忆守护者”等；深入开展进学校、进社区、进农村活动，志愿讲解员奔赴延安等地及后宰门小学、陕师大金泰假日花城小学等学校宣讲，扩大青少年教育覆盖面；积极开展新生入学教育，融入“三全育人”平台，砥砺广大青少年争做西迁精神新传人。同时，西迁馆将传统展览与信息技术高度融合，推进数字化的“智慧博物馆”建设：建成网上展馆以360度全景形式展现馆内全貌，让全国各地的青少年足不出户游览西迁馆；上线语音讲解，实现参观者自主深入游览，定制个性化参观路线；积极打造5G博物馆，采用VR技术给青少年带来沉浸式体验，增强参观趣味性、互动性。西迁馆致力于通过线上线下多渠道、多角度讲述西迁故事，传承红色基因，推动全社会特别是广大青少年树立牢固的家国情怀，扛起“红色江山代代传”的时代重任。

西北大学博物馆

西北大学博物馆是以西北大学为依托的一座大型综合类高校博物馆，位于西北大学太白校区。西北大学博物馆总建筑面积 1.5 万平方米，含四个分馆、八大基本陈列，于 2012 年正式建成。现有馆藏文物标本 5000 余件，已全面向社会公众免费开放。博物馆自开馆以来充分发挥着西北大学百年薪火相传下的自然学科特色和文物藏品优势，多角度、多方式、多侧面地向广大师生及社会观众展示西北大学的教学与科

▼西北大学博物馆外观

研成果。

博物馆基本陈列是本校独特文化收藏的集中展现，以中国西部为区域范围，下设4个常设展览分馆（校史、地球、生物、历史）、3个专题陈列展（侯伯宇先进事迹展览馆、丝绸之路之丝路遗珍馆、宗教美术展览馆）以及临时展览馆，形成互为补充的陈列体系。馆藏品类、数量丰富，其中，秦岭地带岩石矿产标本、寒武纪大爆发时期早期生命化石、古脊椎动物化石、珍稀濒危动植物标本和一批珍贵历史文物，构成博物馆馆藏的主干内容。这些藏品不少为国内甚至世界所罕见，具有显著的地域特色与很高的历史、科学和艺术价值。

西北大学博物馆自开馆以来接待了大中小学师生20余万人次，在科普教育过程中，博物馆采取“请进

▼西北大学博物馆地球馆

来，走出去”的方式，增加了中小学生课外研习、DIY 体验、社会互动等多种形式科普教育活动。活动的主要形式有互动式教学（课前准备）、参与式教学、现场观摩式教学（提前参观博物馆）、科普小剧场演出、游戏环节、趣味问答、手工制作等。

博物馆利用国际博物馆日、国家科技活动周、科技之春、中国传统节日、“金秋十月”和校园开放日等重要科普日，除了提供免费讲解服务外，还开展丰富多彩的科普宣教和科普体验活动，如“雏凤杯”讲解大赛、“有毒危险生物灾害科普展”进校园、“科普实验室”系列活动、“我是小小古生物学家”、中华优秀传统文化传承发展系列活动、“与西大历史一起捉迷藏”、“地质类博物馆镇馆之宝展”、舞台剧——中国古代科举制度考试、话剧——包罗万象、“敦煌系列科普讲座”和“念唐诗、画飞天”等科普活动，取得了较好效果。

西安交通大学博物馆

西安交通大学博物馆成立于 2004 年 9 月，是以保护和弘扬西部优秀民族历史文化为宗旨，集教育、科研、收藏、陈列与学术交流多种职能于一体的艺术博物馆。

博物馆是西安交通大学大学生文化素质教育和爱国主义教育基地、中华优秀传统文化传承基地、陕西省青少年教育基地、陕西省干部教育培训现场教学点，也是教育部中国国际青少年活动中心（西安）基地之一，同时是西安交通大学开展公益性、延伸性社

▼西安交通大学博物馆

会文化服务和教育的重要场所。馆藏有历代艺术文物、古代书画、古戏剧本、皮影、戏剧道具、古生物化石、木版年画、农民画、剪纸、石雕、书法碑石、画像石拓片、邢良坤陶艺等文物及珍贵艺术品。

博物馆建筑面积6800平方米，陈列面积4500平方米，办公及实验室面积1300平方米，现有藏品4900余件。博物馆分设历代艺术文物馆、碑石书法展馆、西部农民画馆、皮影艺术馆、邢良坤陶瓷艺术馆、木版年画展馆、书画展厅、互动艺术空间和雕塑展等展馆与展区，并与陕西省文化厅共建有陕西秦腔博物馆。博物馆设有陈列保管部、宣教部、钟明善艺术研究中心、数字化博物馆研究室。名誉馆长为原中国书法家协会副主席、现中国书法家协会顾问、西安交通大学博士生导师钟明善教授。

博物馆现有文物保护与修复实验室2个，数字化

▼内部展示

博物馆研究与展演室 1 个，建有陶艺、木版年画等实践体验区，以及博物馆宣传网站与微信平台，同时还设秦腔演播厅、瓦当拓片制作体验区、三维演播厅、文物库房、文物摄影室、文物保护与修复实验室。拥有《四库全书》、历代书法图谱、文物图谱等资料 3200 余册，秦腔、京剧等光盘近 700 张。博物馆开展数字化博物馆建设，在网站上推出 3D 虚拟博物馆，使青少年观众通过互联网即可身临其境了解交大博物馆的基本展陈。此外，博物馆开通了微博、微信及抖音等新平台，提升为青少年服务的水平，扩大受众面和宣传效果。

博物馆以多种形式开展青少年教育工作，除通过实物、展板、宣传挂图、录像、网站、讲座等形式推动文物科普外，还积极探索符合博物馆实际的工作模式，不断更新内容、手段和方式。例如，让青少年通过观看皮影演出、绘制秦腔脸谱、临摹农民画、制作石碑瓦当拓片、体验秦腔舞台戏服、拼接文物图片等互动实践方式体验文化遗产魅力。此外，综合利用现代传播手段，以青少年易于理解、善于参与的形式开展教育工作。

依托七馆一厅以及定期举办的各类展览，博物馆以先进的活动设施、严格的管理体制、优越的育人环境，有力地保证了教育教学实践活动的开展，使各大中小学生及海外大学生的来访实践取得良好效果。

西安科技大学地质博物馆

西安科技大学地质博物馆的前身可追溯至 1909 年成立的私立焦作工学院地质标本室，新馆于 2002 年建成并对外开放，具有地球科普区、古生物区、矿物区、岩石区、煤炭资源区及陕西矿产资源区六个展区，珍藏有来自 38 个国家的系统矿物标本、28 个国家的经济地质标本以及西安科技大学教师在教学科研中发现的古生物化石标本等。

博物馆藏品涵盖地质多个领域的标本，馆藏标本 4000 余块，其中进口标本 1115 块，展出有古生物标

▼西安科技大学地质博物馆

本700余块、矿物标本1300余块、岩石标本1200余块、矿产标本300余块。丰富的标本收藏让博物馆在地质相关学科的科学普及教育活动中，可以更好地发挥专业优势。同时，博物馆的讲解员均为高校教师，使得博物馆开展科普教育活动时，在科学知识的专业性、教学的方法性和活动的收效性等方面都具有一定的优势。

西安科技大学地质博物馆自建馆以来，一直秉承志愿服务理念，依托高校博物馆陈列和展示具有专业性和系统性的优势，积极开展内容丰富、形式多样的文化志愿服务活动，注重文化传承，以文化惠民，全心全意为社会大众服务，全年免费开放，年均接待观众 1.5 万余人次。博物馆先后被列为陕西省社会科学普及基地、陕西省青少年教育基地和西安市临潼区青少年科技教育基地等，2018年被评为陕西省社会科学普及优秀基地。

博物馆具有优越的科普工作条件，不仅在西安科技大学本科生教学与科研工作中发挥了重要作用，更成为省内青少年科普教育及素质教育基地。博物馆科普基地自授牌命名以来，为了开发和利用博物馆

◀内部展示

的优势资源，倾情服务社会，帮助青少年在实践和体验中学习科技知识，在2018年开展以“地球的奥秘”为主题的青少年科普教育活动，举办相关科普教育活动42次，投入配套系列展板11件，参与者共2426人；2019年开展以“讲述地球故事”为主题的青少年科普大课堂主题科普活动，举办相关科普教育活动32次，投入配套系列展板11件，出版科普图书《石头对你说》1套，参与者共2095人；2021年开展“礼赞中国，科普地博”为主题的系列科普活动，举办相关科普教育活动34次，投入配套系列展板10件，参与者共有2120人。活动中接待西安市各区十余所中小学校学生，配有专业的教师讲解员进行详细讲解，并且根据来馆青少年的年龄适时调整讲解内容，旨在使他们能够了解地球的演化历史和环境变迁，认识到环境资源保护的重要性，也希望他们通过参观和讲解对科学产生浓厚兴趣。讲解教师精心制作和准备了地球演化视频和幻灯片，生动形象地为孩子们讲述地球的构造和地球的演化历史。此外，讲解教师也积极启发孩子们自己观察矿物、岩石和化石标本，鼓励他们积极提问，探究地球的奥秘。奇妙而生动的课堂不仅让孩子们了解到大自然的丰富多彩，更激励他们去追求，去实践，去探究科学！

西安美术学院美术馆

西安美术学院建校于 1949 年，是西北地区唯一的一所高等美术院校。其前身是西北人民艺术学院二分部，1949 年 7 月由山西临汾迁至西安南郊长安县兴国寺，成立西北军政大学艺术学院，贺龙元帅为首任校长。1960 年定名西安美术学院，1994 年学院整体迁至西安市含光路校区。

西安美术学院美术馆建成于 2003 年，是展示学

▼公教现场

院教学、创作与研究成果的重要平台，也是学院对外进行文化艺术交流的窗口，对于推动西部美术事业发展，促进国内外文化艺术交流起着重要的作用。

学院拥有一批国家级的教学团队、精品课程、特色专业，设有人才培养模式创新实验区、实验教学示范中心、专业综合改革试点、教学研究基地、大学生校外实践基地、红色经典艺术教育示范基地。馆藏纸质文献 55.8 万余册（件），藏有历代书画作品 1300 余件，历代文物、拴马桩等民间艺术品 2 万余件。学院秉承“艰苦创业，追求卓越”精神，恪守“弘美厚德，借古开今”校训，坚持周秦汉唐文化、延安革命文艺、西北民族民间艺术、“长安画派”和“黄土画派”四大传统，夯实绘画、书法、美术史论、中国民

▼公教现场

间美术“四大基础”，还办有专业美术刊物《西北美术》。

美术馆目前包括美术馆A、美术馆B两个常规展厅。其中民间美术展厅如同一座巨大而美妙的民族艺术殿堂，从刻石雕木的石刻艺术、木版年画、马勺面具，到抟泥剪影的泥塑、皮影、剪纸，再到浴火重生的陶瓷、针脚细密的刺绣、布贴画……无不展现着多姿多彩的民间生活，无不透露着乡土艺术的奇葩异香。游走在藏品间，犹如奔走在古老而辽阔的三秦大地上，陕北黄土高原窑洞上的窗花、关中大汉脸上的傩舞面具、陕西婆姨手中的刺绣、布贴、农民画……一件件手工艺品背后所蕴含的悠久历史和灿烂文化，汇聚成了民族艺术的长河，滋润着徜徉其中的莘莘学子的血脉，强健着他们的筋骨，支撑着他们的学识与未来。此外还有印度民间艺术馆，里面收藏的印度民间艺术品体现了浓厚的宗教色彩，为研究印度民间艺术提供了重要依据。

美术馆自2003年成立以来，针对性地对青少年进行了各式各样的公教活动。美术馆的公共教育活动包括民间美术馆参观研习、印度民间艺术馆参观研习、作品现场临摹、学术讲座等公共教育课程。美术馆作为学院对外文化艺术交流的窗口，还担负着中国美术家协会西安学术研究中心的重要艺术角色。

长安大学地质博物馆

长安大学由始建于20世纪50年代初的原西安公路交通大学、西安工程学院、西北建筑工程学院合并组建而成。其中，西安工程学院的前身为西安地质学校，创建于1953年，1978年4月经国务院批准扩建为西安地质学院，1996年底经国家教委正式批准更名为西安工程学院，2000年与西安公路交通大学、西北建筑工程学院合并为长安大学。

▼长安大学地质博物馆

长安大学位于古城西安南郊文化区，临近大雁塔、陕西历史博物馆。

长安大学地质博物馆（地学馆）于 2011 年正式成立，位于长安大学本部东院（原西安工程学院雁塔校区）地学科技大厦负一层至二层。展厅面积 2860 平方米，共 8 个展厅：地球演化、史前生物、矿物岩石、地质构造、矿产资源、观赏石、恐龙馆、石油勘察展厅。馆内收藏着 1953 年以来，几代地质人几十年坚持不懈从全国各地收集以及校友捐赠的各类地质标本 3582 余件。博物馆见证了长安大学 60 多年地质教育历程，展示了半个多世纪地质教学资源积淀，是长安大学地学类专业建设和创新人才培养的重要基地。博物馆主要服务于校内地学领域的传承教育、科

▼长安大学地质博物馆史前生物厅

学研究和交流展示。同时，博物馆也免费向公众开放，并积极参与青少年科普教育。目前已成为陕西省青少年科普教育基地、陕西省石油协会和古生物协会的科普教育基地、多所中小学的教育实践基地。博物馆希望让更多的人了解地学知识，了解我们所生存的地球。

展厅精心设计制作的展柜中，增添了大量珍贵古生物化石和大型精美矿物等重要标本，提高了布展的精品含量，烘托了展示的气氛，用直观、形象的手段展示了深奥的地学内容。此外，博物馆将在展厅中设置触摸屏，方便观众浏览。

“天下兴亡，匹夫有责”，少年强则国强，博物馆将“保护资源，匹夫有责”的责任意识在青少年教育中确立起来，把资源环境安全教育上升到爱国主义的高度，这样才能引起广大青少年的共鸣。

陕西师范大学博物馆

陕西师范大学博物馆成立于 2006 年，集教育、研究、收藏、保护和展示功能于一体，在发挥高校博物馆育人功能，服务学校教学科研，服务社会公众教育，服务青少年教育，展示学校文化底蕴和品位，活跃广大师生的文化生活等方面发挥着重要作用。2012 年 7 月在香港著名慈善家何崇本先生资助下，著名建筑设计大师张锦秋院士主持设计的国内首座综合性教育博物馆（陕西师范大学博物馆新馆）奠

▼陕西师范大学博物馆外观

基，2017 年 11 月正式落成并面向社会免费开放。

博物馆分为中国教育馆、妇女文化馆、书画艺术馆、历史文化馆。中国教育馆向我们展示了中华民族几千年的教育发展史，现有各类教育文物展品 2000 余件，其中明朝万历年间北京国子监刻本《十三经注疏》335 卷、清同治六年酉阳州属礼房刻本《四书正本》19 卷等都是存世不多的善本，弥足珍贵。妇女文化馆是国内第一座以妇女文化为主题的博物馆，2200 余件藏品分为“她的故事”“江永女书”“女红”“生育文化”和“中华嫁衣”五个主题展出。书画艺术馆现藏有历代书画、明清圣旨等约 2000 余件，历代石刻拓片 12000 余通。唐寅《山水长卷》、仇英《山间栈道图》、米万钟《风雨云烟图》、董其昌《山水图》、郑板桥书中堂、左宗棠书对联等名家作品和明万历圣旨等，均为馆藏精品。历史文化馆现收藏历代文物约 1500 余件，分为“泥火塑精灵”“吉金铸国史”“贞石镌春秋”三个部分展出。其中秦封宗邑瓦书、秦风纹空心砖、唐阎庄墓志和宋元明清瓷器等级较高，颇具特色。

◀暑期夏令营“拓问秦汉”活动

此外，在中国共产党成立百年之际，为了紧密围绕习近平总书记提出的四个“好”的目标要求，充分展现学校守护红色根脉、践行初心使命、服务基础教育的办学理念，博物馆举办了陕甘宁边区教育史料暨刘泽如革命教育文献展。此次展出的陕西师范大学首任校长刘泽如先生部分遗稿，集中反映了其马克思主义教育观和运用辩证唯物主义开展心理学研究的显著成绩。这次展览为后期博物馆深度挖掘革命传统教育、爱国主义教育、青少年思想道德教育素材，丰富教育内涵，增强教育成效提供了经验和基础。

博物馆自开馆以来始终免费开放，年均开馆近 300 天，年均接待近 300 个参观团队，参观人数 5 万余人次。连年在国际博物馆日、志愿者活动日以及“科技之春”宣传月、科技活动周、科普活动日等节点举办丰富多彩、形式多样的青少年教育类活动，如文物修复现场演示、女书临摹、学做花馍、奇妙剪纸、“穿越时空的爱恋”传统服饰展、古代服饰类文物知识竞答、暑期亲子夏令营、皮影体验等多种类、多形式活动。博物馆通过青少年喜闻乐见的方式引导参观者进行沉浸式、互动式、体验式的参观学习，大力弘扬中华优秀传统文化、革命文化和社会主义先进文化，受到社会各界人士和广大师生的一致好评。

陕西科技大学中国轻工业博物馆

陕西科技大学中国轻工业博物馆，是中国第一座以轻工业为主题的博物馆，致力于收藏和保护中国轻工业展品，展示中国轻工业支撑国家从站起来、富起来到强起来的伟大工业化历史进程，彰显中国智慧，增强文化自信，高扬中国人民构建民族工业体系的民族心、报国志。

博物馆的前身，是于 2007 年 8 月开馆的陕西科

▼内部展示

技大学校史馆。其后，随着各个学院专业展室展品的不断丰富，建设一个面向中国轻工全行业的专业博物馆条件已趋成熟。2017 年 12 月 11 日，经中国轻工业联合会授权，陕西科技大学党委决定成立陕西科技大学中国轻工业博物馆和陕西科技大学校史馆机构，并开始两馆的筹建工作。2018 年 6 月 26 日，占地面积 8210 平方米、建筑面积 5030 平方米、展厅面积 4435 平方米的两馆建成开馆。

中国轻工业博物馆包含轻工业发展历程主题展和科教筑梦两个基本陈列，以及陕西科技大学校史专题陈列和两个临时展览。轻工业发展历程主题展讲述了从第一次鸦片战争后涌现的大量爱国仁人志士建工厂、办企业的实业救国历史，展示了陕甘宁边区丰足火花、马兰纸等展品，彰显中国共产党在陕甘宁边区以自力更生、艰苦奋斗的精神构建轻工体系，支撑全民族抗战的使命担当，还展示了中华人民共和国成立以后，中国轻工人在一穷二白的情况下，构建完善的轻工业体系，稳固社会主义基础、改善人民生活、支撑国家建设的艰苦创业历程。

科教筑梦基本陈列，结合陕西科技大学的学科优势和专业特色，分为玻璃、陶瓷、皮革、造纸、食品、化工、轻工机械和工业设计八个版块，展示与轻工业密切相关的学科专业的最新科学技术成果和发展趋势；另外有两个校友捐建展区，展示陕西科技大学师生学践成果之上元未来创意空间和宝恩智能家居互动体验区。

校史专题陈列全面展示陕西科技大学“三次创业、两次搬迁和一次划转”的发展历史和艰苦创业的精神。回顾了北京轻工业学院时期（1958—1970）、西北轻工业学院时期（1970—2002）以及更名为陕西科技大学初期（2002—2006）学校“三次创业、两次搬迁”的历程与各时期的建设成就。

临时展览包括“西迁主题展暨庆祝改革开放成就展”和“风范犹

◀琳琅满目的皮革制品

在、记忆永恒”主题展。

中国轻工业博物馆始终坚持弘扬爱国奋斗精神的办馆理念，立足馆藏展品、讲述展品背后丰富的红色故事，是青少年教育服务的重要精神文明建设基地和文化载体。博物馆自开馆以来，已陆续接待来自校内外近 15 万名观众。为更好地发挥教育服务功能，中国轻工业博物馆积极邀请中小学生来校来馆免费参观，并免费提供讲解服务；围绕“全国科普日”“国际博物馆日”“学校科普周”等重要时机，深入周边小区，为居民宣传讲解中国轻工业历史和爱国奋斗故事，教育面广，反响良好，社会服务效应显著。

西安航空职业技术学院航空科技馆

西安航空职业技术学院航空科技馆（以下简称“西航职院航空科技馆”）位于中国航空城——陕西省西安市阎良区，于2008年建成对外开放，建筑面积4700平方米，是集弘扬航空精神、宣传航空产业、普及航空知识、开展航空培训和拓展航空旅游等功能为一体的现代化科技馆，入选国家AAA级旅游景区、全国科普教育基地，面向社会公众免费开放。

▼西安航空职业技术学院航空科技馆

西航职院航空科技馆以“放飞梦想 航空报国”为主题，内设世界航空发展史和中国航空发展史两个专题馆以及飞行原理、航空发动机、飞机构造、飞机设计、飞机制造、飞机试飞、飞行环境保障和航空机载武器等专题展区，馆藏真实飞机3架，发动机、零部件及模型500余件。众多的航空器械实物与模型展示是航空科技馆的最大亮点。

近年来，西航职院航空科技馆始终认真贯彻落实《全民科学素质行动计划纲要》，深入开展文明景区建设，全面提升景区环境质量、科普工作水平和管理服务能力；始终本着服务社会的宗旨，立足自身特色和优势，以弘扬航空精神、宣传航空产业、普及航空知识为内容，以提高社会公众的科学素养、构建服务全

▼航空科技馆展厅

民终身学习的教育体系为目的，进行科普基地内涵建设和科普基地品牌打造。西航职院航空科技馆与中小学教学团队共同研发科普课程，开发出了既具有探索性、实践性、趣味性、互动性又与学校教育紧密结合的科普课程，深受广大青少年喜爱。

未来西航职院航空科技馆将以更开放的姿态充分发挥自身的公共文化教育和社会服务职能，努力打造弘扬航空精神的重要物质载体、科普航空知识的重要实践基地、开展思想政治教育的重要学习场所、发挥立德树人作用的重要育人平台、推进全民终身学习的重要特色品牌，将更多航空科技盛宴呈现给社会公众。

西北农林科技大学博览园

西北农林科技大学在70多年的长期建设和发展过程中，在农业科教方面收藏积累的大量珍贵动物、植物、土壤和农史典藏，是学校及杨凌示范区重要的科教资源，在保护和开放利用标本资源、展示农业科技成就、传播农业文化和科学知识方面发挥着积极作用。1987 年，依托植物保护学院丰富的昆虫标本收藏，学校创建了全国第一个昆虫博物馆；2001 年 10 月启动了博览园建设项目，2006 年 11 月全面建成并向社会开放。从此，博览园集教学科研、标本展览、文物收藏、园林观赏、科普教育、旅游休闲于一体，成为全国著名农科研学基地。

博览园（农林博物院）是国家级二级博物馆，AAAA 级景区，占地 200 亩，包括昆虫博物馆、动物博物馆、土壤博物馆、植物博物馆、中国农业历史博物馆、于右任教育思想纪念馆、中国葡萄酒博物馆（北校区）、校史馆等 8 个专业博物馆和蝴蝶园、树木园及植物种质资源圃等，是全球目前最大的农业主题博物馆组群。博览园共收藏昆虫标本 150 余万号，动物标本 8000 余件，植物标本 55 万份，土壤标本 2000 余种，农史文物及农具 2000 余件，线装古籍 5 万余册，树木 800 余种，典藏量居全国高校之首。

近三年来，博览园自主策划了四大主题活动，原创性开发了 10 大科普主题展，研发集成 16 项科普互动展品，线上开辟了 12 个栏目，在青少年教育功能方面发挥了非常重要的作用。

▶西北农林科技大学博览园全景图

高水平科普志愿团队是教育活动的支撑。博览园建立了一支“理论水平高、服务意识强、志愿者经验丰富”的高水平志愿团队，其中兼职教授 30 人、专职科普工作者 16 人，同时每年还招募大批研究生和大学生志愿者。自 2018 年以来，科普志愿团队共获得国家级科普讲解大赛奖 4 项、省部级科普讲解大赛奖 23 项；先后推出昆虫与人类、保护国门生物安全、共建美丽家园、昆虫与人类健康等 10 项原创科普教育展项，自主开发蝴蝶微饲养、昆虫标本采集、植物日记等体验课

◀教育活动进校园

程 19 项，研发集成“小昆虫大科技”系列互动展品。

教育活动内容丰富，形式多样，形成品牌。农耕体验、蝴蝶文化季、昆虫音乐季、爱鸟暖冬行动四大主题活动已经成为博览园青少年科普教育的知名品牌。此外，博览园关注热点，推出了“农业立国之本”等专题科普展。

科普团队近三年累计走进 67 所中小学校，以及航天四院等社区 8 次，深入镇巴、合阳等贫困县开展教育帮扶 12 次，发放科普资料近 6 万份，开展“奇妙的昆虫世界”等各类科普活动 63 场次、科普讲座 58 场，受益人数达到 20 万人次。

第四章

社会实践篇

陕西省图书馆少年儿童馆

陕西省图书馆少年儿童馆2005年6月1日在西大街陕西省图书馆旧址正式开馆。2017年7月16日因为馆舍修缮迁至陕西省图书馆二楼。目前陕西省图书馆少年儿童馆馆舍分为三处：一处是位于南二环长安北路18号陕西省图书馆二楼东北侧的陕西省图书馆少年儿童馆；一处是位于西大街正学街南口的陕西省图书馆少年儿童分馆；一处是位于天谷七路899号的陕西省图书馆高新馆区一层东侧少年儿童馆。

陕西省图书馆少年儿童馆三个馆区服务总面积3100平方米，现有少儿类报刊260多种，少儿图书约30万册，阅览座位近500个。三馆之间文献实行通借通还，资源共享，年接待少年儿童和家长57万人，外借少儿文献100多万册，2020年疫情期间外借量为34万册。

◀陕西省图书馆高新馆区少年儿童馆阅览区

天天开馆，借书免费。为了满足青少年的阅读需要，少儿馆一年365天开馆，让他们有了更多利用图书馆看书学习的机会。青少年到少儿馆来阅读不需要任何证件，借书除了缴纳借书押金外，不收取任何费用，家长还可以免费陪孩子阅览、代孩子借还图书。这种开放的入馆方式和其乐融融的亲子阅读形式，体现了少年儿童馆对青少年的人文关怀。

营造氛围，陶冶性情。青少年可以在环境舒适的阅览室自由享受阅读乐趣。馆内专门配备了适合幼儿的矮桌、矮书架和彩色的小椅子。西大街少儿分馆一楼设有软包少儿大舞台，为低龄儿童提供了更加舒适安全的活动空间。馆内张贴了各种立志名言标语，为孩子们阅读提供了力量。

优化馆藏，做好服务。少儿馆根据阅读年龄不同

▼ 亲子阅读活动

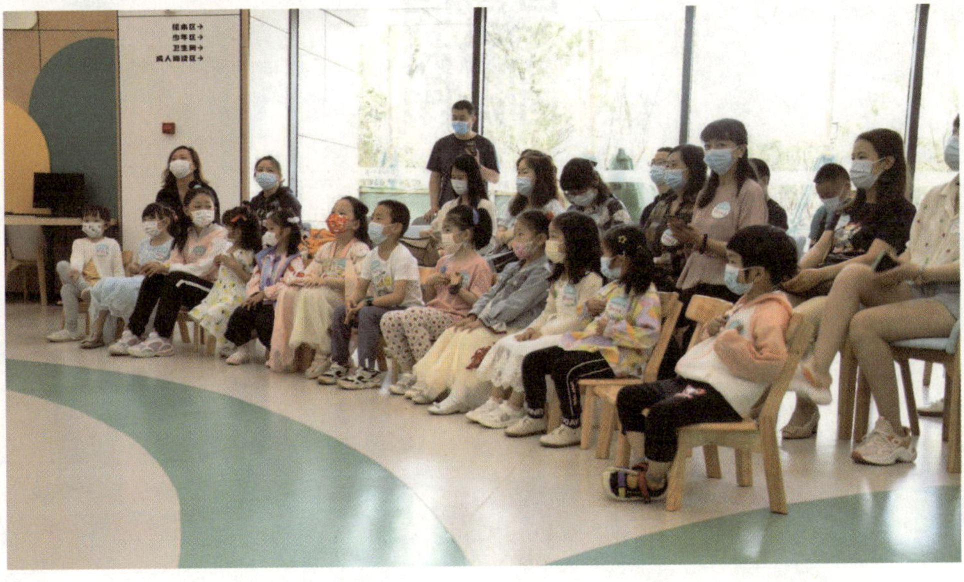

对少儿文献进行了划分，购买了中外名著、名人传记、红色文献等方面的优质少儿书籍供孩子们借阅，订阅了《中国少年儿童报》《中国青年报》《科技博览》等优秀报刊供孩子们阅读。工作人员细心为孩子们办理借还书服务，为他们提供更舒心的借阅体验。

陕西省图书馆少年儿童馆积极倡导全民阅读，以广大青少年儿童为切入点，努力打造社会主义核心价值观教育、爱国主义教育和中华传统文化教育活动。品牌活动有爱探索科学微实验、秦韵国学堂、蒲公英绘本故事屋、书宝小课堂等。2019 年陕西省图书馆少年儿童馆被共青团陕西省委命名为陕西省青少年教育基地，每年开展少儿活动场次达 100 多场，充分发挥图书馆的社会教育职能，在为全省青少年营造健康成长的社会氛围中发挥了积极作用。

航空工业一飞院航空文化主题园区

在今日之世界，空中力量已经成为现代化战争的决定性力量，建设航空工业就是在建设一个国家国防力量的基石。航空工业第一飞机设计研究院（以下简称一飞院）作为我国目前唯一集歼击轰炸机、轰炸机、民用飞机、运输机和特种飞机设计研究于一体的国家级大中型军民用飞机设计研究院，不仅在国家飞机设计与国防力量建设方面发挥着关键作用，更是以

▼园区全景

工作园区为基础建设形成了航空文化主题园区，在航空科普与爱国主义教育方面也积极贡献着自己的一份力量。

1961年11月13日，海军发布了组建海军特种飞机研究所的命令，决定以601设计室为基础组建海军特种飞机研究所，番号是国防部第七研究院第十研究所，简称“十所”，代号是中国人民解放军总字第916部队，一飞院由此建立。

航空工业一飞院航空文化主题园区占地近700亩，主要由“承天苑”文化广场、展览馆两部分构成。“承天苑”文化广场主要由雕塑、文化景墙和飞机展示区三部分组成，总面积26000多平方米，于2011年落成。“承天鼎”雕塑位于广场入口处，为承天苑的

▼组织学生参观学习

标志性建筑。该雕塑高 8 米、宽 5 米，取“顺承天意，祈福太平”之意，主题取中华古鼎造型，表现一飞院的赫赫功绩和鼎盛之势。文化景墙位于广场中央，由六面错落有序的浮雕景墙组成，景墙内侧以铜雕方式展示一飞院历史上研制的六个具有里程碑意义的飞机型号和四位飞机总设计师，以及航空工业集团公司和一飞院的宗旨、理念、愿景、院风等。东面景墙外侧为一飞院文化建设提出的十二个理念；西面景墙外侧是一飞院 2011 年评选出的十位科技明星题写的激励之词，并印有十位科技明星的手模。广场东北部展示了一架空警 2000 的试验样机，与文化景墙展区的飞机构图相呼应。飞机下部两侧配以红色的拱形廊架，使飞机的高大与地面的平坦自然过渡，跳动的红色象征了一飞院的活力。

一飞院航空文化主题园区自建成以来，截至 2019 年，共接待各类参观人群近 4000 批次，10 余万人次，其中平均每年接待包括北航、南航、清华、西工大等高等院校师生及中小学生 30 余批，2000 余人，充分发挥了爱国主义教育基地的作用。

西安曲江艺术博物馆

2012年7月12日，西安曲江艺术博物馆正式建成对外开放，2020年被评为国家二级博物馆。博物馆位于曲江新区大唐不夜城街上，西安威斯汀大酒店B2层，与著名景区大雁塔南北相望，地理位置十分优越。博物馆总占地面积12000平方米，展厅、库房、修复室、多功能厅、资料室及办公区等区域划分清晰，功能齐全，设施完善，环境优美，服务周到。

▼壁画展厅

2019 年被共青团陕西省委命名为陕西省青少年教育基地。博物馆以“守法、规范、求实、创新”为办馆方针，致力于中国古代文化遗产的抢救、保护、展示和推广工作，积极推动中外文化民间交流与合作。

博物馆基本展览“色挂形象穷神变——中国古代壁画源流展”具有很高研究价值与鉴赏价值。博物馆是全省唯一拥有壁画保护修复中心的非国有博物馆。每两年举办一次“曲江壁画论坛”国际会议，旨在搭建国际化的交流与对话平台，促进壁画研究和保护水平提升。博物馆自成立以来，举办了涵盖古今中外的各种主题性强的临时展览，利用馆藏的展览，如“东波斋珍藏”系列展览；引进省外展览，如“海上丝绸之路精品展”“建窑瓷器精品展”等；引进国外展览，如“跨越三个世纪的优雅——塞夫尔制造局（1740—2016）”“斯洛文尼亚珍宝展”等，让公众在西安便可看到全国各地，乃至全世界的优秀展览。

主题教育功能是博物馆的首要职能，博物馆自开馆以来始终把社

◀壁画临摹

会公众教育，特别是广大青少年的爱国主义教育和优秀民族文化艺术普及推广作为重点工作。开馆以来，累计策划、实施各类社会教育活动300余场，线上、线下共计受众200余万人次。

经过多年积累，博物馆已形成包括策划执行各类专题性博物馆课程、线上教育、公益讲座、共建教育基地及“五进”活动等在内的博物馆社会教育体系。此外，基于博物馆特色，依托基本陈列，研发了全省首个也是目前唯一一个以“中国古代壁画”为主题的博物馆教育品牌项目“壁上乾坤”系列课程，并在该课程体系内策划、执行了“小小壁画修复师”“我在艺博画壁画”等活动；基于独有的毕加索银盘、陶器馆藏，博物馆推出了“小小毕加索——毕加索陶盘艺术工作坊”主题博物馆美育课程；定期举办全省首个常态化的面向广大青少年群体的博物馆夜间社会教育项目——“曲艺博奇妙夜”系列主题博物馆课程；结合本馆临时展览、专题展览，策划执行相关主题社会教育活动。同时，博物馆还积极响应国家关于“博物馆互联网+”和“文物活化”的倡议，充分利用新媒体平台拓展博物馆线上教育，策划开展了诸如“云游博物馆”“特约国宝讲述人”等线上活动及各类直播。

博物馆开展的各类社会教育活动，让广大青少年在了解艺术文化的基础上，增强对民族优秀历史文化的认同感和自信心，让广大青少年群体身在中国也能了解世界各地的优秀文化，从而更好地成长为一个自觉的爱国者和具有世界眼光的时代新人。

中国飞行试验研究院功勋飞机园

1959年4月15日，中国飞行试验研究院正式成立，开创了新中国试飞事业新纪元。2019年，中国航空工业首个功勋飞机园在中国飞行试验研究院落成并面向公众开放。这里是中国试飞事业60年的缩影，也是几代试飞人与新中国航空工业共同成长的见证。

60多年来，中国航空试飞事业经历从无到有、从小到大、从弱到强的筚路蓝缕之路，逐步建立起“试

▼功勋飞机园全貌

飞铺就通天路”的伟业。60多年来，试飞人发扬“攀天甘献骨为梯”的精神，坚守初心、笃行使命，先后完成了100余种飞机及发动机、2000余项机载设备的国家级鉴定试飞和适航审定试飞任务。

试飞是勇敢者的事业，功勋飞机园陈列展示了15 架为新中国航空试飞事业立下赫赫战功的功勋飞机，空警-2000、歼轰-7“飞豹”、歼-10“猛龙”、运-8、红专502……每一型“战鹰”的身后，无不凝结着几代试飞人的心血和汗水。在功勋飞机园里，通过功勋飞机、试飞名谱、历史场景，可以全面回顾我国试飞历程的艰辛与辉煌。近年来，试飞院相继开展航空主题研学、航空专题培训、试飞英雄现场授课等活动，一批批青少年走进功勋飞机园，近距离认识功勋飞

▼功勋飞机园飞机展示

机，深入了解新中国航空工业的发展历程，厚植爱国主义情怀，弘扬航空报国精神。

强化青少年国防意识，激发青少年爱国主义情怀。让青少年观看航空试飞主题宣传片，使他们认识试飞、了解试飞、走进试飞，感受中国航空试飞事业的发展历程；带领青少年参观功勋飞机园，了解各型飞机的卓越功勋；邀请试飞英雄现场讲述几代试飞人航空报国、筑梦蓝天的精彩故事，让青少年领悟他们勇敢坚韧、砥砺前行的航空精神。

提升青少年科学素养，树立航空报国远大理想。通过讲解参观和现场教学，逐步培养青少年对航空专业的兴趣和爱好。他们在这里了解一架飞机从设计、生产制作到调试试飞的全过程，学习飞行基本知识与原理，体验飞机制作的严谨性、专业性、趣味性，展开科技翅膀，放飞航空梦想。

“国之重器，以命铸之”。在这片广阔的蓝天上，一型又一型新机在激情燃烧的岁月里翱翔，一项又一项历史纪录在决战决胜的较量中诞生，一部又一部传奇在激荡震撼的轰鸣中书写。功勋飞机园记载着试飞人自豪的奋斗史，映射着那些不能忘却的历史印记。百年华章铸辉煌，扬帆启航谱新篇。站在新的历史起点上，航空试飞人将以习近平新时代中国特色社会主义思想为指导，在航空工业党组和上级党组织的坚强领导下，继续弘扬“忠诚奉献、逐梦蓝天”的航空报国精神，以“中国试飞必须领先”的豪情，不断推进航空试飞事业高质量发展，在建设新时代航空强国的征程中书写新篇章！

西安中国书法艺术博物馆

西安中国书法艺术博物馆创建于 1989 年 12 月，是中国第一座书法艺术专题博物馆，原址在西安城墙南门城楼，2010 年 6 月迁建大明宫国家遗址公园南宫墙西南隅，是免费向公众开放的非营利性社会文化服务机构。

博物馆由中国书法简史陈列区、秦代封泥艺术特展区、秦汉印吧互动体验区、傅嘉仪艺术专题陈列馆

▼博物馆外观

及临展区等区域组成。书法艺术博物馆馆藏资源丰富，珍藏有秦封泥等文物和当代书法名家沙孟海、刘自椟、卫俊秀、傅嘉仪、刘艺、吴三大、沈鹏、张海、钟明善、雷珍民等人的作品2000余件，是研究秦史秦文化及当代书法艺术的珍贵资料库。

笔行蕴灵犀，翰墨抒心声。书法篆刻凝聚着中华民族的丰厚风韵，更在笔端延伸着恪守与笃行的中华民族优良品质。西安中国书法艺术博物馆自创立以来，以继承人类非物质文化遗产——中国书法与中国篆刻为己任，始终积极发挥文化辐射作用，认真落实习近平总书记关于“一个博物院就是一所大学校”的重要指示，不断实践着“传承书法艺术，践行文化使命”的文化宗旨，在弘扬中华传统文化、促进陕西文化遗产保护和西安文博事业发展等方面，发挥了积极的推动和示范作用。

近年来，书法艺术博物馆积极落实省市文物局“文化惠民”及“五进”政策，秉持“走出去，请进来”理念，积极推动青少年书法教育实践，精心打造“书法进校园”活动品牌，形成课程体系化、形式灵活化、选课精准化、教育普及化的特点。自2012年6月至今，在全省范围内成功开展“书法进校园”活动90场，受教育人数34000余人，有石瑞芳、党川贵、钟小平等120多位书法家及书法教官参与。《中国书画报》《陕西日报》《西安晚报》等30多家媒体报道80余次，社会反响良好。“书法进校园”活动项目获评教育部中国成人教育协会、省教育厅2021年“终身学习品牌项目”。

同时，博物馆积极研发并推进“文房四宝”“篆刻艺术”“汉字演变”“秦封泥的秘密”等书法篆刻类、特色馆藏类研学课程，形成专业与趣味并容的课程体系，让博物馆成为青少年走进历史、感受历史人文艺术的“第二课堂”。

◀书法史展厅全貌

少年强则国强，青少年的成长决定着国家的未来。西安中国书法艺术博物馆致力于搭建文化的桥梁，让青少年感受精妙的书法艺术和博大精深的民族文化，这是博物馆义不容辞的责任和使命。

西安市林木种苗工作站

西安市林木种苗工作站始建于1970年，位于鄠邑区渭河南岸，权属林地1760亩。2013年被陕西省林业厅、教育厅、团省委评为陕西省生态文明教育基地，2016年被西安市委授予西安市森林生态科普教育基地，2019年被共青团陕西省委授予陕西省青少年教育基地。工作站主要负责全市林木良种引进、选

▼西安市林木种苗工作站全景

育、推广，全市林木种苗及种质资源管理，全市林木种苗的技术培训、咨询等技术服务工作，负责林业生态文明教育、林业产业信息宣传及林业产业发展指导与服务工作。

工作站以绿色、环保、水文化、自然科学知识普及、林业高新技术示范展示、野生植物资源引种试验、科普教育、苗木培育、名特优花卉生产示范与观赏等发展为主基调，形成了“一心”“三园”“七区”为基础的空间布局结构。工作站地势平坦，布局科学，植被丰富，视野开阔，与渭河文化互相映衬，是集多功能、综合性、公益性为一体的科教活动场所。

“一心”是森林生态体验中心，依托办公区，建设完成标本馆1处和林业新技术培训中心；“三园”是湿地科教园、林木种子博览园、林业科普文化园；“七区”是指林业高新技术展示区、名优特花卉培育区、林木良种引种试验区、野生珍稀植物驯化区、新品种新模式示范区、优良树种基因资源收集保护区、林下复合经营种养区。

生物标本馆，总面积438平方米，设有树木展区、兽类展区、昆虫展区、科普展区、林木病虫展区、林木种子展区以及鸟类展区，馆

◀相关科普活动

藏各类树木、动物、昆虫、林木种子、鸟类、鱼类等标本1000余种、3.5万余号。

湿地科教园，总面积450余亩，设17个生态科普体验区，21个体验项目；包括运动能力体验区、鸟类观察区、鱼类进食观察区、水生植物观察区等。

工作站依托西安市林木种苗花卉网平台、微信公众号、赏花地图小程序开发建设网络科普平台，设立林木百科、一周一花（树）、科普小讲堂等专栏，发布植物花卉、昆虫等生物科普知识，开展网上苗木花卉育种经验交流与分享。平台制作悬挂科普二维码300余个，以便扫码详细了解本地植物特性、昆虫习性，并与百度百科、360百科进行链接，保障了青少年对互联网学习的需求和深层次知识的了解。

林业育种展示，林业高新技术展示区、名优特花卉培育区、林木良种引种试验区、野生珍稀植物驯化区、新品种新模式示范区等展示区域，为学习与了解林业育种、智能温室花卉繁育及种子资源收集保护的重要性，提供了最佳途径，引导学习者关注绿色环境建设，关注国家整体生态文明建设。

宝鸡青少年文化科技体验中心

宝鸡青少年文化科技体验中心位于宝鸡市人民公园（中华礼乐城）西门北侧，紧邻宝鸡市周秦文化产业示范区、宝鸡市民俗博物馆，地理位置优越，自然条件良好。中心总投资2000余万元，建筑面积7200余平方米，是宝鸡唯一一家青少年教育一站式综合体。

中心自开业以来，组织召开了宝鸡首届教育博览会，启动百万公益助学活动，举办了首届动漫节活动，携手宝鸡市人民公园举办首届大型亲子“彩虹

▼宝鸡青少年文化科技体验中心外观

跑”游乐大赛，不定期开展少儿科普展览、公益讲座、文化论坛、艺术沙龙等活动。2020 年 6 月 5 日，由中国国际教育电视台、北京北图文化发展中心、宝鸡市文联等主办，全国“百善一心”艺术委员会、宝鸡雪云文化产业发展有限公司等承办的“全国艺术名家走进宝鸡采风活动”在宝鸡青少年科技体验中心成功举办，充分展示了中心的公众形象，深得社会各界广泛好评。未来，中心将推出更多、更丰富的活动，让孩子们在兴趣中学习，同时拓展研学等文化教育活动。宝鸡青少年文化科技体验中心项目的开发建设，极大地推动了宝鸡市文化产业的整体发展水平,为文化产业发展和文化产业扶贫帮困搭建了平台。

宝鸡青少年文化科技体验中心在建设和经营管理中，注重运用高新技术创新文化生产方式，培育新的文化业态，通过建立新技术支撑的创意设计、数字广播、数字电视、数字电影、网络游戏、动漫、流动多媒体以及手机媒体等文化艺术业态,不断提升文化艺术教育水平。中心自建立以来，先后被评为陕西省青少年教育基地、宝鸡市青少年科技创新实践基地、宝鸡市关心下一代全面发展教育基地、宝鸡市校外科技追梦教育基地、渭滨区科普教育基地。

中心常年开设有美术、书法、机器人编程、舞蹈、钢琴等课程 20 余种，已成为孩子们快乐成长的乐园。

宝鸡天喜自然博物馆

宝鸡天喜自然博物馆由宝鸡市教育书店有限公司2012年出资创办，位于宝鸡市渭滨区红旗路6号，是全国首家将博物馆与书店开办在一起的展览馆，也是陕西省首家以矿物晶体、动植物化石标本为主展品的自然博物馆。2016年10月由陕西省文物局审核通过博物馆备案，民政局办理登记证书，2017年天喜自然博物馆被宝鸡市科学技术协会命名为宝鸡市科普教

▼天喜自然博物馆

育基地，2019 年被共青团陕西省委命名为陕西省青少年教育基地。

天喜自然博物馆以公益性办馆为宗旨，面向大众免费开放，常年开馆，供广大青少年学生、市民以及矿物爱好者参观学习，了解地壳运动、地质变化、火山喷发以及矿物晶体在压力和物理性质、化学元素作用下的生成过程，了解我们赖以生存的地球在漫长的历史长河中的演变。馆内面积 1400 平方米，藏品 400 余件。博物馆与书店的融合吸引了更多的中小学生及广大市民来此阅览图书、参观博物馆。通过参观学习、了解并认识矿物晶体在人类日常生活中的广泛应用后，大家对矿物晶体产生了浓厚的兴趣。

▼内部展示

天喜自然博物馆管理制度完善，每件展品均配图登记入档。馆藏各种矿物标本，形式多样、种类繁多，按化学性质和产地分布情况分类陈列展示。馆内展品图片、文字详尽，使参观者一目了然。博物馆适宜大中小学生前往参观开展研学实践教育，有助于学生们认识地表变化规律。

博物馆设计的研学体验主题鲜明。以矿物晶体与动植物化石为主题，能充分体验研学与实践的有机结合：它们不仅具有地域性、稀有性、奇特性、艺术性、科学性等特点，还具有学术、观赏、收藏和科学研究等价值。博物馆不定期在教育书店举办矿物晶体科普讲座，让参观者近距离观察和触摸小矿标、小矿石；并在教育书店微信公众号定期发布矿物晶体科普知识；“世界博物馆日”在馆内举行科普讲座。本馆展品还应邀参加全国博物馆巡展等活动。

博物馆配备有专业活动组织者、专业的讲解人员，会组织邀请学校老师、中小学生来馆参观学习，培养孩子们从小热爱大自然、敬畏大自然、保护人类家园的意识。

宝鸡工艺美术馆

宝鸡工艺美术馆以展示宝鸡民间文化为主，荟萃宝鸡及全国各门类工艺美术、民间工艺品和地方特产，通过多种现代化手段，全方位展示宝鸡工艺美术历史、非遗文化、工美产业、产品及人物等，并常年邀请书画名家及民间艺术大师现场挥毫，制作社火脸谱、手工织布、木版年画、泥塑等，集中再现宝鸡璀璨的民间艺术文化。此外，宝鸡工艺美术馆还开展科学知识普及活动，推广先进的教育理念，以提高公众特别是青少年的综合素养。

宝鸡工艺美术馆致力于收藏展示全国名家及宝鸡工艺美术协会实力派书画艺术家的精品力作，是西北地区最具规模及档次的画廊之一。

▶ 宝鸡工艺美术馆

◀内部展示

同时还引进众多现代工艺精品，其中名窑名瓷区集中国内景德镇瓷、钧瓷、牡丹瓷、耀州瓷等名窑名品常年展示展销。宝鸡工艺美术馆引导孩子们在洁白的陶器上亲手绘一幅图画，用火红的纸剪一朵美丽的花，走上舞台讲述一段流传千年的传说……这些活动寓教于乐、充满传统文化气息。这样的非遗文化活动，受到了学生、家长的好评。非遗进校园，拓宽了孩子们的视野，提高了孩子们对传统文化的认识和认同感。宝鸡工艺美术馆还邀请专业老师现场授课，开设书法、绘画、朗诵、舞蹈等孩子们喜爱的多元化课程，让孩子们接触多门类的艺术形式，在轻松愉悦的氛围中感受艺术的魅力，使孩子们在增长知识、结识朋友的同时，感受到学习的乐趣。

今后，宝鸡工艺美术馆将继续以自己独特的魅力，展示、传承和演绎宝鸡的历史文化，将继续发挥青少年教育基地的职能，丰富公众尤其是青少年群体对非遗文化及工艺美术的认知；充分发挥自身优势，推动宝鸡工艺美术馆文化的传播传承，推动青少年素质教育健康发展的理念，让更多的观众了解和走近宝鸡工艺美术馆。

赵梦桃纪念馆

为了大力弘扬梦桃精神，厚植工匠文化，在咸阳市委、市政府的高度重视与支持下，赵梦桃纪念馆及梦桃公园于 2017 年 7 月精心筹建，并坚持对外免费开放。纪念馆位于咸阳市高新区咸兴大道与纺织四路交会处，馆内总面积 500 平方米。纪念馆用 25000 余文字，1500 余张图片，400 余件珍贵实物，多部历史

▼赵梦桃纪念馆全景图

影像资料，以图文并茂、实物展览、影像播放的形式充分展示了赵梦桃及赵梦桃小组的先进事迹。

梦桃公园紧邻纪念馆，总面积 2.7 万平方米，园内建有梦桃精神纪念碑、梦桃全身雕塑、浣纱湖、丝绸之路桥、创文景观石等人文景观，设有观景长廊、凉亭、座椅、下棋台、停车场等公共服务设施，是一座集弘扬梦桃精神、创建文明城市、优化生态环境为一体的爱国主义教育基地和市民休闲观光公园。

纪念馆和公园在规范运作的基础上，不断创新管理，挖掘展陈实物及影像宣传资料，更新展览版面内容，使实物更具代表性，视频更具多样性，宣传更具广泛性。在建馆之初征集的大量珍贵实物资料的基础上，纪念馆将赵梦桃 2009 年荣获的“新中国成立以

▼赵梦桃全身塑像

来感动中国人物及最具影响力的劳动模范”金质奖章、2019年9月荣获的“陕西省最美奋斗者”荣誉证书及奖章申请落户到馆内展出，并制作展出了习仲勋于1952年在西北国棉一厂开工典礼上的讲话稿及视察照片和1989年习仲勋为《赵梦桃》电视剧的题名图片。

为了充分发挥作为爱国主义教育基地与青少年教育基地的宣传、教育、引导作用，纪念馆（梦桃公园）在加强制度建设、创新管理、强化讲解员培训、提升接待服务水平的基础上，充分利用赵梦桃小组命名日、赵梦桃祭日、“三八”“五一”“五四”“七一”等重要时间节点，在纪念馆或公园组织开展各类主题教育及爱国主义、党性教育活动。近几年先后开展了“弘扬梦桃精神、助力追赶超越”“赵梦桃小组式班组、梦桃式最美职工推介大会”“不忘初心 牢记使命 争做新时代最美奋斗者”等大型主题纪念宣传活动。同时，纪念馆注重加强与大中院校之间的沟通联系。在赵梦桃小组命名58周年之际，纪念馆分别同陕西能源职业技术学院、咸阳职业技术学院、咸阳市实验中学、咸阳师范学院职业技术学院、陕工运学院等院校（学校）签订《合作共建教育基地协议》。此次馆校合作共建将进一步推动赵梦桃纪念馆爱国主义教育、党性教育、党史教育基地作用的发挥，并有助于将梦桃精神学习与党史学习有机融合，让梦桃精神深入校园，在大中小学生中得以广泛宣扬和传播。

陕西水利博物馆

陕西水利博物馆是陕西省唯一一座集水利文物收藏与展示、水文化研究、水科普宣传、水情教育及园林景观于一体的水利专业博物馆。博物馆位于陕西省咸阳市泾阳县王桥镇，毗邻咸旬高速、关中环线，距西安市 60 千米，总占地 66742 平方米，2012 年 8 月建成开馆，前身是李仪祉纪念馆。2013 年 5 月由共青团陕西省委命名为陕西省青少年教育基地。

▼陕西水利博物馆主展馆

目前，博物馆共收藏各类文物史料 560 余件，其中主展馆展出 92 件，代表性的有明代镇水石牛，蒋介石赠李仪祉五十寿辰苏绣寿屏，修建关中八惠时使用过的水准仪、经纬仪等仪器，李仪祉先生设计的取水样器，杨虎城为渭惠渠开工典礼题的碑刻等；水文馆展出 67 件，代表性的有不同时期水文测报仪器设备、民国时期水文测量记录等。

博物馆馆区分为水文化大道、文化广场、主展馆、水文馆和仪祉墓园五个区块。主展馆内分为古代水利、近现代水利、陕西水利、水利科普四个展区，通过历史文物文献、沙盘模型、浮雕泥塑以及幻影成像等高新科技手段全画幅展示陕西悠久的治水历史和光辉灿烂的治水文化，再现了“中国近代水利先驱”李仪祉先生为水利事业鞠躬尽瘁的一生和治水伟绩，彰显了新中国成立以来陕西水利取得的巨大成就。水文馆布展形式新颖，通过珍贵的文物史料、视频资料、水文仪器设备、3D 动画演示以及互联网支持下的实时查询系统，再加上声光电技术的应用，系统地介绍和展示了陕西省水文事业发展历程以及对社会做出的重大贡献。

陕西水利博物馆是陕西水文化建设的窗口和水情宣传教育的重要平台，自建馆以来，始终致力做好水文化和水情宣教工作。特别是面向青少年，博物馆立足基地主阵地，侧重开展了水文化教育、水情教育、爱国主义教育等有自身特色的活动；坚持“引进来”“走出去”相结合，拓宽宣传教育维度；创新宣教手段与形式，通过印制宣传册、制作宣传展板、水情知识讲座和节水微课堂等多途径使青少年更为全面地了解古今陕西水利发展史以及陕西重大水利工程概况等水情知识；积极利用“世界水日”“国际博物馆日”“全国科普日”等重要节庆日，开展“进校园”“上街头”“入景区”宣教活动；充分发挥教育基地作

▲近现代展区

用，在馆内举办青年志愿者行动、抗洪摄影展、书画展、小学生节水爱国手抄报展等专题活动，邀请青少年参与；抓住新媒体迅速发展的形势，利用官网、微信公众平台定期推送发布青少年喜闻乐见的水文化、水科普知识。

铜川市气象局

铜川市气象局坚持以习近平新时代中国特色社会主义思想为指导，坚持以人为本和科学发展观，结合全市气象工作实际，充分发挥气象科技优势，不断加强气象现代化建设，基本形成青少年教育基地规模。铜川市气象局围绕“科技之春”“科技活动周”“3.23”世界气象日、科技下乡、学术金秋等活动积极开展青

▼铜川市气象局外观

少年气象科普宣传活动，切实扩大气象科普知识的社会影响，增强青少年自觉应用气象科技知识趋利避害、防灾减灾、科学生活的意识，提高青少年应对突发性气象灾害的能力，消除封建迷信思想，弘扬科学思想，取得了良好的宣传效果。

气象局室内面积600平方米，有集科普知识长廊、科普讲座、气象探测和人工防雹增雨装备模型展示、气象现代化成果展示为一体的集约化气象现代化业务平台和铜川市气象局局史馆。业务平台包括铜川市气象灾害应急指挥、气象监测预报预警、人工影响天气指挥、突发事件预警信息发布等业务展示。目前，气象局有固定的科普长廊、展厅、讲座厅等活动场所，

▼2021年“3.23”世界气象日科普宣传活动

并配备投影仪、模型展台、演示平台等相应的硬软件；结合气象业务培训，对科普工作人员加强知识和能力的培训；适时更新科普宣传内容，组织外出学习和交流，开拓科普宣传工作视野；结合科技下乡，主动调查农村青少年对科普知识的需求，注重科普工作创新。气象局高度重视安全生产工作，与全市气象部门安全生产工作同安排同部署同检查，没有发生任何安全事故。

2021 年 3 月 23 日，为纪念第 61 个世界气象日，铜川市气象局联合铜川市科协开展 2021 年“3.23”世界气象日暨“科技之春”宣传月活动，邀请金谟小学师生 50 余人到气象科普教育基地参观学习。在气象监测预报预警业务平台，工作人员给大家介绍了天气预报、预警信号的制作过程，讲解了天气图、卫星云图、雷达图的识别，让大家观看了世界气象日的宣传片。此外，气象局通过电视天气预报节目、铜川日报、铜川气象网站、铜川气象微博等媒体向青少年进行气象科普知识普及，并公布基地开放时间和知识普及内容。气象局坚持每年对中小学生开放天数不少于 200 天；不断扩大教育基地科普宣传教育的影响范围，努力开展社会化科普活动；遇重大社会活动时及时向参观团体开放；坚持公益性、社会效益第一的原则，经常性地开展科普报告、科普讲座、科普展览等活动，不断丰富活动内容、不断创新活动形式，贴近生活、贴近青少年。

立诚中学教育基地

立诚中学教育基地位于富平县庄里镇立诚中学，立诚中学的前身是胡景翼将军1918年在庄里镇创建的阵亡将士子女学校。民主主义革命先驱孙中山先生为学校题写校名——立诚公学，后来先后更名为立诚学校、立诚中学。在第一次国内革命战争时期（大革命时期），立诚中学建立了富平县第一个中国共产党党小组、中国共产主义青年团团小组，成为渭北地区

▼立诚中学教育基地

传播马克思主义的中心地点之一。我国杰出的无产阶级革命家、陕甘边革命根据地的主要创建者和领导者之一习仲勋同志，于 1926 年在立诚学校加入了共青团，这成为他献身人民解放事业和共产主义事业 70 余年革命生涯的开端。

共青团富平县立诚中学教育基地的展览馆是目前陕西省唯一一个以县域青年运动史为主题的团史展览馆，占地总面积 7500 平方米，包括基本陈列和三个主题特展，共四个部分，是一座历史性、文化性、互动体验相结合，并具有地方特色的红色文化教育基地。首先是“新民主主义时期富平青年运动史”展，这是一个基本陈列展，包括两个展厅五个单元，展示内容为：五四运动时期的富平青年、大革命时期的富平青年、土地革命时期的富平青年、抗日战争时期的富平青年和解放战争时期的富平青年。专题特展：习仲勋早年求学教室。立诚中学是习仲勋革命思想的摇篮，也是他 70 余年革命生涯的开端。他的成

◀立诚中学早期建筑

长轨迹和奋斗历程与立诚中学息息相关。正是在立诚中学求学的这段岁月，铸就了他投身革命事业的初心。展览通过场景再现、图文歌谣等方式展现了习仲勋的传奇人生和革命历程。青年大学习馆展现了新中国成立以来不同时期的青年英雄人物与其相关事迹。在中国革命的历史长卷中，一代代中国青年在中国共产党的领导下，为争取民族独立、人民解放前赴后继、浴血奋战。富平青年运动史、奋斗史是富平青年的精神成长史，也是一代代富平青年心血和智慧的结晶。

共青团富平县立诚中学教育基地是富平县委、县政府、团县委在 2020 年 6 月建设的，于 2020 年 11 月底对外开放。团史馆累计接待青少年 7000 人次，采用青少年喜闻乐见的方式向青少年普及历史知识，进行精神激励和思想启迪，达到了教育青少年铭记历史，传承初心使命，带着红色基因、怀着爱国情怀成长的目的，使青少年塑造健全的人格，做一名合格的共产主义接班人。

走进立诚中学教育基地，聆听革命故事，让青少年深切感悟革命精神，实地接受爱国主义教育和革命传统教育，增强爱国情怀，进而更好地传承红色基因，当好红色传人；注重青少年思想引导和价值引领，推进青少年进步成才，全面发展。

路遥文化教育基地

路遥文化教育基地位于革命圣地延安市延川县郭家沟村路遥故居，距县城 5 千米，占地 23.31 亩。基地所在村是一个典型的黄土高原丘陵沟壑区，有窑洞 20 孔。这里是当代著名作家、茅盾文学奖获得者、“改革先锋”、“最美奋斗者”、“100 位重要英雄模范”称号获得者路遥先生成长、学习、生活过 19 年的地方，也是小说《人生》和《平凡的世界》取材地。

▼路遥文化教育基地全景

路遥原名王卫国，1949 年 12 月 2 日出生于陕北一个普通的农民家庭，1969 年 11 月加入中国共产党。1970 年，他第一次使用“路遥”这个笔名，发表了诗篇《车过南京桥》，同年被诗人曹谷溪招进了县委通讯组。1973 年，他公开发表的第一篇小说《优胜红旗》被《陕西文艺》（今为《延河》）转载，1974 年被知名编辑董墨招至《陕西文艺》实习，1976 年大学毕业的时候，在主编王丕祥、副主编贺抒玉的极力争取下，进入《陕西文艺》编辑部工作，在此期间发表了多篇诗歌及散文。

路遥文化教育基地主要展出不同时期、不同版本的路遥著作，如《人生》《平凡的世界》等文学作品，以及当时各大媒体平台、社会各界重要人物对他的评价，还有路遥参加各类活动时留下的影像资料，这些充分展示了路遥“像牛一样劳动，像土地一样奉献”

▼部分展厅内容

的文学创作精神。路遥的一生，是扎根黄土地与时代共前行的一生，他以“给历史一个深厚的交代”的现实主义情怀，创作出一系列中国当代文学的经典之作，用他有限的生命点燃了一座散发出无限光与热的文学灯塔，感染、鼓舞了一大批农村青年积极投身到改革开放中去。

路遥文化教育基地项目共分为三大板块，即路遥文化展示区、故居展览区和怀念感悟区。其中，文化展示区主要包括路遥著作及有关路遥书籍的展示，教育广大青少年培养吃苦耐劳、艰苦奋斗、乐观向上的精神。故居展览区即路遥 7 岁起生活成长的窑洞，在这里他经历了艰难困苦的童年，在这里他磨炼出了坚韧不屈的精神，这里更成就了路遥的文坛地位。让青少年参观故居，教育青少年保持艰苦朴素、勤俭节约、自力更生的优良传统。怀念感悟区以心得体会为主题，以社会各界对路遥的怀念及从路遥作品中获得的感悟为内容，向青少年传达出：在人生的舞台上，路遥是强者；在平凡的世界里，他厚积薄发、创造着不平凡；在文学的殿堂里，他成就了辉煌；在最困难的日子里，他教会人们不沉沦、不沮丧、不溺于哀愁、不怯于折磨。

延川县青少年路遥文化教育基地的主旨为传承路遥文化，弘扬艰苦奋斗的延安精神，通过观感教育、体验教育，帮助青少年了解路遥文化，体验路遥文化生活，教育引导青少年爱国、敬业、诚信、友善，培育和践行社会主义核心价值观，使广大青少年在实现“中国梦”的伟大征程中建功立业、成长成才。

金延安红色教育研学基地

金延安红色教育研学基地依托于圣地河谷·金延安文化产业园区，占地面积 1.49 平方千米，是陕西省第三批研学旅行实践教育基地，也是延安市大型的标准化实践教育培训基地，致力于满足学校、企事业单位、人民群众的学习培训、研学实践及娱乐等需要，是集食宿接待、研学实践、红色教育、会议承接于一体的多功能、综合性实践营地。现已被陕西省教

▼金延安红色教育研学基地

育厅授予陕西省第三批研学旅行实践教育基地、陕西省青少年素质教育研究会实践基地、延安市社会科学普及基地等，自 2020 开班以来，接待超过 5 万人次研学。

基地配套丰富的训练场馆，可同时接待千余学员进行学习培训活动。基地拥有会议室、培训教室数十个，户外活动场所数万平方米，户外活动项目、军事体验项目若干，众多博物馆、舞台演艺、民俗非遗展示教学等文化载体与设施。作为省级研学基地，金延安红色教育研学基地秉承“研学求真、实践育人”的发展理念，立足于研学实践教育，以“让中国孩子的学习更精彩”为愿景，以研学资源、师资服务、教学内容、安全保障、效果评价等多个维度融合打造精品课程，已形成较为成熟和完善的研学实践课程体系、业务运营体系、师资培训体系和安全保障体系。基地开发革命红色教育特色课程，将趣味性与科普性、体验性相结合，结合金延安文化园区优势与特点，整合陕旅集团固有资源，开发不同的探究体验活动，不断丰富红色教育特色课程。

在研学课程上，以红色传承、非遗文化、国防教育三大板块为主形成丰富的特色课程体系。红色传承具体有：参观延安各革命旧址，聆听红色故事，重温红色记忆，重走长征路，自制行军粮，红色演艺《延安保育院》，灯光秀《延安记忆》，参观梁家河学习党史，观壶口瀑布感受母亲河，将“爱国主义教育”“红色传承教育”紧密结合，更深地了解和培养青少年“身心健康观、成长体验观、红色文化观”；促使学生认识真实的历史，认同中国人民与共产党在艰苦岁月下创造的伟大成就，增强民族自信，将延安精神发扬与传承。非遗文化具体有：编草鞋、剪纸、腰鼓、农民画、布堆画等，了解非遗文化知识，感受美的意象和熏陶，发展学生的个性，更多地让孩子体验创作的快乐；

◀红色演艺活动

继承和弘扬延安精神和红军长征精神，丰富艰苦奋斗的内涵，将崇高理想与现实学习生活统一起来，使之不断与时俱进。国防教育具体有：真人 CS、激光打靶等课程。军事拓展基地占地 50 亩，同时可容纳 200 人进行实地活动，设有真人 CS、激光打靶两大场地，开展红蓝对抗、争夺旗帜、巷战突围等多项真人体验，让孩子了解国防，体验射击。

金延安红色教育研学基地必将用延安精神绘就红色研学高质量发展新画卷，通过整合、重建、升级延安红色研学资源，搭好红色研学快车，将延安红色研学打造成一张靓丽的名片。

延安北京知青博物馆

延安北京知青博物馆位于陕西省延安市宝塔区枣园路中段，杨家岭旧址和枣园旧址之间，展馆建筑面14324.05 平方米，陈展面积 6080 平方米，于 2016 年9 月 30 日对外开放。

延安北京知青博物馆不同于延安其他红色历史纪念馆，其表现的对象是群体，是健在的现代人物。20世纪六七十年代，28000 余名北京知青和北京干部，

▼延安北京知青博物馆

陆续到延安14个县插队，成为继中央红军到达陕北之后的又一个来延群体。此次插队是延安经历的一次重大事件，是又一次重要的文化交流与融合，也是延安历史的一部分。博物馆通过平实质朴的设计语言、相对成熟的高科技手段、综合的陈列展示方法，客观真实地记录下这段珍贵的历史，再现当年28000多名北京知青同延安人民一起，发扬自力更生、艰苦奋斗的延安精神，用青春汗水和聪明才智，战天斗地、改造山河，传播知识文化和精神文明的历史，讴歌了他们为改变延安贫穷落后的面貌做出的不可磨灭的贡献。

博物馆藏品共计4018余件，其中知青捐赠实物2151件、社会征集1867件，现已全部上展。知青共捐赠图片3500余张，目前展厅上展照片1351张，涉及人物5200余人。展览由序厅、尾厅及六个单元组成。序厅以质朴自然的艺术风格，努力还原了北京知青在陕北生活、劳动的场景，以多种写实雕塑的艺术

▼内部展厅

形式，定格了那一幕幕难忘的历史瞬间，强化了“广阔天地、终身难忘”的陈展主题。尾厅以“圆梦中华”为主题，用大型弧幕投影出习近平总书记曾经插队的地方，习总书记那句“我是黄土地的儿子”仿佛又回荡在耳畔。

北京知青分别于 1969 年、1974 年、1975 年、1976 年分四批共计 28000 余人来到延安支援老区建设。在知青返城截止后，留延知青共有 346 人，他们选择终生为延安的建设作贡献。在延安插队期间，亡故知青共有 100 余人，他们为改变延安的落后面貌付出了年轻宝贵的生命。

从黄土地走出的北京知青，经过插队锻炼，铸就了吃苦耐劳的精神，积累了丰富的社会经验，无论是从政、治学，还是经商、务工，他们在各条战线上为国家的建设和发展贡献力量，在改革开放中大显身手。树高千尺总有根，水流万里因有源。北京知青不忘老区人民对他们的帮助，在条件变好了以后，有 57 人回延安捐资援建、捐资助学，帮助革命老区人民群众早日脱贫致富。

延安北京知青博物馆力求全方位、多角度展示北京知青在延安农村插队落户的那段难忘岁月，大力弘扬延安精神和知青文化，启迪后人，发挥其存史、资政、育人的积极作用，为新时代追赶超越做出新的贡献。

中核陕铀文化宣传中心

中核陕西铀浓缩有限公司（以下简称中核陕铀）始建于 1969 年，是我国第一座采用离心法生产浓缩铀的工厂和重要的核燃料科研生产基地。在 50 余载奋进历程中，陕铀人不忘自主创新初心，牢记为国担当使命，创造了中国铀浓缩行业的“五个第一”“四个率先”和“两个最低”。

中核陕铀文化宣传中心位于陕西省汉中市洋县，

▼文化宣传中心全貌

历经9个多月的建设，于2020年1月15日，在我国核工业创建65周年之际建成投用。该中心拥有1200平方米的展区和9000平方米的文化广场以及200平方米的融媒体中心，共计1.04万平方米，共设核工业展区、中核陕铀展区、核科普知识展区三个展区18个单元，通过文字、图片、视频、新媒体融合互动等形式，充分发挥地方三线企业历史资源的优势，真实、生动、全面展示党和国家对铀浓缩事业及中核陕铀发展的大力支持和关怀，展现中核陕铀50余载为国担当实现铀浓缩技术重大突破的发展史，自主创新掌握关键核心技术的奋进史，大力弘扬“两弹一星”精神和核工业精神。

中核陕铀文化宣传中心是中核集团在陕首家展现

▼展馆教育宣传展示

核工业精神的重要窗口，是传播核科普知识和青少年爱国主义教育的重要基地，是彰显中国铀浓缩科技创新能力的重要载体，是中核陕铀履行社会职责、提高企业美誉度的重要平台。近年来，中核陕铀统筹资源，加大投入，秉承服务社会和弘扬科学精神的理念，将现代化手段和传统方式相结合，通过发掘、整理和利用50余载积淀的厚重文化财富，全力建成具有核工业文化特色的文化宣传中心，不断创新核科普宣传载体和形式，做好核科普知识宣传，让更多的社会公众了解核、支持核，有效推动核能产业发展；以5名清华毕业生志愿者组成的核科普团队，组织开展核工业精神等教育活动以及核科普活动，搭建青少年教育大课堂；充分利用公司和地方的红色资源，发挥好文化宣传中心和微信公众号科普平台作用，讲好陕铀故事，树立陕铀形象，打造陕铀品牌。

当前，我国核工业正处于重要战略机遇期，中核陕铀文化宣传中心作为党性教育基地、全国核科普教育基地和陕西省青少年教育基地，举办核科普活动是为了让公众进一步感受核工业精神，宣传核工业科技创新成果，拉近核与公众的距离，增强公众对核科学技术、核安全及核应急能力的认识和信任，为厚植在陕核工业高质量发展沃土、建设核工业强国和续写新时代新中核新辉煌贡献陕铀智慧和陕铀力量。

安康市藏一角博物馆

安康市藏一角博物馆原属安康历史博物馆的“馆中馆”，2014 年安康历史博物馆更名安康博物馆迁至江北后，藏一角博物馆独立并于 2016 年 6 月 5 日正式免费对外开放。

藏一角博物馆收藏和展示的全部藏品，均系徐山林先生所捐赠，藏一角馆名也是徐山林先生亲自命名，寓意为收藏历史之小小一角。博物馆占地面积 7218 平方米，建筑面积 2018 平方米，现有藏品 14000 余件，是一座“私人捐赠、国家所有、政府管理、社会使用”的特色博物馆，是“汉水人文生态”博物馆群建设的重要组成部分，在构建现代公共文化服务体系、加强爱国主义教育、丰富群众文化生活、提升城市文化品位等方面发挥着重要作用。

近年来，藏一角博物馆坚持公益性原则，强化服务意识，积极拓

◀安康市藏一角博物馆外观

展青少年教育手段，以服务青少年为宗旨，以活动为载体，用青少年喜闻乐见的方式普及知识，激励青少年的爱国主义和创新精神，启迪思想，努力成为进行青少年思想教育的重要课堂、推进青少年发展成才的重要基地、传播精神文明的重要窗口。

目前藏一角博物馆已在全市城乡学校建立了九个“博物·博人”传统文化教育活动基地，特聘版画艺术家长期为少年儿童开展版画培训，有效推动了乡村儿童文化教育工作。基地结合传统节日，推出了元宵节“猜灯谜”、端午节“射五毒、点雄黄、做香囊”、中秋节“巧手做月饼”及重阳节“浓浓敬老情”等节日主题活动；联合陕西省国学研究会、樊登少儿读书会等社会团体开展“文史读书会”“父亲节亲子活动”等；探索暑期研学机制，开展“梦想与大师对话”、“美在石上、乐在暑期”创意石头绘画活动、“透过钱币学历史，拓印精美古钱币”等暑期活动，以上活动充分发挥了博物馆第二课堂的作用。

2021 年是中国共产党百年华诞，博物馆推出了一系列红色教育活动，举办了“童心向党·共绘六一”“红色经典润童心——研学实践活动”“红领巾留声机”等线上、线下活动 30 余场次；策划、举办了“安康党史我知道——红色地标巡回展”“红色美育·幸福安康——首届乡村儿童美术优秀作品展”“邮说党史”“永远跟党走、筑梦新时代——安康市青少年邮票设计展”“喜迎建党百年·献礼生态宝贝——化龙山百种珍稀动植物图片展”“‘永远跟党走——我身边的优秀共产党员’风采摄影展”等红色展览，有效推动了红色文化传播。

木王山中小学劳动教育实践基地

陕西木王山中小学劳动教育实践基地位于陕西省商洛市镇安县木王镇，地处秦岭南坡中段，西与宁陕县交界，南与安康市汉滨区、旬阳县接壤，北与柞水县相邻，占地 7.1 万平方米，建筑面积 2.1 万平方米，毗邻 AAAA 级景区木王国家森林公园。2018 年 10 月被国家林业和草原局认立为国家森林特色小镇，2019 年 1 月被陕西省科协、陕西省科技厅认定为陕西省科普教育基地，2019 年 4 月被商洛市文化和旅游局授予“商洛市优秀景区”的称号。

基地依托秦岭山脉，在平均海拔 2300 米处，全年气候宜人，平均气温 22℃。毗邻的木王国家森林公园占地面积约 3616 公顷，浓缩了秦岭旅游资源的

▼木王山中小学劳动教育实践基地风景

精华，以林海、杜鹃和奇峰、怪石为主，融林、花、峰、石、水、洞景为一体，集雄、奇、秀、险、野、幽、闲于一身，分为鹰嘴峰、四海坪、双头马、杜鹃岭四大各具特色的景区。整个景区可谓“春赏杜鹃、夏纳清凉、秋观红叶、冬踏冰雪”，一年四季美景不绝，有“万象森列，天开画卷”之美誉。

目前，陕西木王山中小学劳动教育实践基地共设置有“走进木王山，走进秦岭秋天”综合实践课程、“学习传统文化，热爱我的家乡”走进木王山课外实践活动、“探访木王山、重走红军路、传承红色精神”课外实践活动、高中生物学科课外实践活动、中小学生课外实践泥塑活动、中小学生素质拓展训练等六项课程。通过丰富多彩的劳动实践课程，中小学生得以全方面发展，启发想象力和创造力，提高克服困难的能力和主动学习的能力；增强团队意识，培养团队协作能力；提高自我意识，不断完善自我，走向成熟；学会关心他人，孝敬长辈，与他人进行有效沟通；激发潜能，增强自信，学会感恩，懂得回报；培养积极向上的人生观和价值观，从活动中学会如何领导、自我管理、团队互助合作，以及与他人有效沟通和相处；培养独立生活和学习的能力；锻炼面对环境改变的适应能力及自我调节能力和独立思考、主动学习的能力。

马炉团员教育培训基地

马炉团员教育培训基地依托马炉党性教育基地建立，于 2019 年 11 月开始筹备，2020 年 4 月建成运行。基地契合青少年认知特点和青年干部成长需求，精准挖掘老支书、全国劳模、全国党代表刘西有同志艰苦奋斗的先进事迹，打造了系统的教育培训课程体系，面向全县入团积极分子、团员、青少年和青年干部开展理想信念教育和艰苦奋斗精神教育。

▼马炉团员教育培训基地外观

基地目前已建成农耕文化展厅、马炉革命风情街、马炉村千亩梯田群落、马炉村产业发展作坊群、马炉村党性体验中心等基础性设施，占地 7000 平方米，能容纳 1000 余人接受培训学习，同时基地引入仪式教学、体验教学、实践教学、拓展训练、集中教学等理念，研发了 8 学时的系列特色课程，先后接纳了 3 万余省市县党员、团员干部接受教育培训，依托马炉村淳朴的民风、浓厚的农耕文化氛围以及全国老劳模刘西有同志理想信念坚定、艰苦奋斗、苦干实干的优秀红色精神品质，对团员干部开展理想信念教育。

马炉团员教育培训基地在 8 学时系列课程中分别穿插仪式教学“团旗下的青年”，让青少年重温入团誓词、拟定研学目标；让青少年在体验教学“百折不

▼农耕文化展馆

挠的刘西有”课程中实地参观马炉革命风情街、刘西有纪念馆，开展理想信念、爱国主义教育；让青少年在体验教学“寻梦路上、勿忘担当”课程中观看 1973 年拍摄的纪录片《大寨红旗映丹江》，开展时代担当教育；在实践教学“艰苦奋斗、愚公移山”课程时发放刘西有“三件宝”（镢头、学习资料、米面包），开展小组劳动，让青少年在田间地头学习，吃忆苦思甜饭；穿插体验教学“听刘西有故事、勇于砥砺前行”；穿插集中教学“团的光辉历程、党的光荣使命”课程，开展党务知识、团务知识、党史、团史培训教育。这些特色教学内容的设置，充分发挥了马炉团员教育基地作用，契合青少年认知特点和青年干部成长需求。

马炉村团员教育培训基地在未来的发展过程中将不断学习创新，充分利用优质资源，积极争取团省市县委的大力支持，扩大规模，提升质量，争取把基地打造成省级团员、青少年成长的摇篮，党、团、队衔接培养的阵地，传承艰苦奋斗精神的种子。

商洛市青少年科技馆

商洛市青少年科技馆以开展教育示范基地建设为载体，牢牢把握青少年校外教育的社会性、基础性、公益性原则，以素质教育为中心，服务青少年健康成长为目标，科普资源建设和科普项目实施为抓手，不断创新工作机制，提升服务能力，助力商洛市青少年科普知识宣传工作。

商洛市青少年科技馆在 2014 年通过中国青少年

▼校外科普活动

宫协会申报全国科普教育基地，在 2015 年被商洛市科协推荐为省级“科普教育基地建设提升行动”候选单位，承载着商洛市青少年教育工作，承担着对广大青少年的责任。商洛市青少年科技馆充分利用科普资源，承担起商洛市科普馆功能，免费开放，不定期在校内、社区开展科普宣传活动；开展体验教育活动，如图片欣赏与摄影、剪纸工艺、趣味数学、自救自护、眼睛保健、拓展训练和“三防”以及亲自动手操作科普器械等。科技馆还进入校园开展科普知识讲座与培训，通过影像资料传播科普知识。

教育基地为服务全市青少年，全年免费参观；选择精品科普器械，选派骨干教师，积极开展科技文化卫生“三下乡”活动，不放弃每一个偏远地区；不定期开展一系列主题活动，让青少年学生聆听科普知识，体验科技奥秘，让其通过亲自实践收获在学校课程中未涉及的知识。

让科普知识进入山区学校，让偏远山区的孩子了解科普知识。教育基地在山区学校设立科普分馆，将多件科普器械送往山区学校，并邀请专家对器械进行维修和调试，在让教师熟知科普原理的同时，也要将学生培养成合格的讲解员，为他们学习科学知识，掌握科学技能打下坚实的基础。

现代农业创新园

现代农业创新园位于“中国农科城”杨凌，占地1000余亩，是陕西省首家AAAA级农业旅游景区、陕西省中小学研学实践教育基地、中国旱作农业技术外援培训基地。创新园内设八大主题展馆，集中展示国际国内先进的现代农业高新技术科研成果，是集培育、引种栽培、参观游览为一体的“国内领先、世界一流”的大型科普教育基地。

▼牡丹芍药园

工厂化育苗馆主要从事育种工作，是创新园和台湾美庭公司、台湾大学、西北农林科技大学合作创办的，采用机器点播，从育苗开始展现现代新型农业。

梦幻花卉馆种植有近400种植物，65%的植物可以净化空气，35%的植物可以入药，10%的植物属于药食两用。花卉馆里有草本、木本、藤本、芳香类植物等八大类。

无土栽培馆里的植物按照种植模式分为“水培”“基质培”两大类，有15种模式。针对目前水土流失这一严重的自然现象，无土栽培馆研发出新型农业模式，无土照样可以种庄稼。

我国作为盆景艺术的发祥地之一，早在几千年前，就对盆景有了深入研究。盆景展示馆从国外引进

▼园区内部展示

大量盆景，为中外盆景艺术交流提供了一个民间的展示平台，让更多的人了解盆景艺术，将我国的盆景事业发扬、传承。

南方果树馆改变了“橘生淮南则为橘，生于淮北则为枳”的自然规律。在这里，你可以看到爬满树干的木瓜、一串串的香蕉以及挂满枝头的脐橙。

原生态餐厅及现代农业创意馆主要以无土栽培技术在实际生活中的应用和微型种植模式展示为主，后期经过改造成为生态餐厅，并对外营业，很好地兼顾了经营和展示。

西部特色展示馆主要展示我国西南、西北地区的特色农业，以园林造景的形式展现出来，分为滇西印象、雪域药园、西域慧都、大漠秀起等几大块。

超级菜园主要展示蔬菜无土栽培的不同模式与在温室栽培下如何调控光热水气肥之间的关系，挖掘蔬菜的生长潜能，以达到蔬菜栽培的“高产、优质、高效、生态、安全”的效果。超级菜园目前是以一个工厂化生产的实体形式展示给观众的。